Financement climatique fourni et mobilisé par les pays développés en 2013-2018

OCDE

DES POLITIQUES MEILLEURES
POUR UNE VIE MEILLEURE

Merci de citer cet ouvrage comme suit :
OCDE (2021), *Financement climatique fourni et mobilisé par les pays développés en 2013-2018*, Éditions OCDE, Paris, *https://doi.org/10.1787/ecd39bac-fr*.

ISBN 978-92-64-69165-0 (imprimé)
ISBN 978-92-64-99923-7 (pdf)

Les corrigenda des publications sont disponibles sur : *www.oecd.org/about/publishing/corrigenda.htm*.

Contexte

Ce rapport a été établi pour informer la communauté internationale sur le financement climatique fourni et mobilisé par les pays développés pour l'action climatique dans les pays en développement dans le contexte de la Convention-cadre des Nations Unies sur les changements climatiques (CCNUCC). En ajoutant les chiffres de 2018 à la série chronologique précédemment publiée couvrant la période 2013-17 (OECD, 2019[1]), le rapport renseigne sur l'évolution des quatre composantes distinctes suivantes du financement climatique fourni et mobilisé par les pays développés sur la période 2013-18 :

- les financements climatiques publics bilatéraux ;
- les financements climatiques multilatéraux attribué aux pays développés ;
- les crédits à l'exportation liés au climat bénéficiant d'un soutien public ; et
- les financements privés mobilisés par les financements climatiques publics bilatéraux et multilatéraux, attribués aux pays développés.

L'analyse s'appuie sur trois sources principales de données, détaillées à l'annexe B : les rapports biennaux communiqués par les Parties visées à l'annexe 1 de la CCNUCC ; les statistiques du Comité d'aide au développement (CAD) de l'OCDE relatives au financement du développement ; et les statistiques de l'OCDE relatives aux crédits à l'exportation. Pour combler l'absence d'un très petit nombre de données, l'OCDE a recueilli des données supplémentaires ponctuelles auprès de fournisseurs de financement climatique ou a produit des estimations sur la base de sources librement disponibles.

Cette publication constitue la troisième édition du rapport. Elle repose sur le même cadre comptable que celui qui sous-tend les deux premiers rapports (OECD, 2019[1]), (OECD, 2015[2]) et respecte les décisions adoptées par la Conférence des Parties à la CCNUCC à sa 24e session, relatives aux sources de financement et aux instruments financiers pour la comptabilisation des ressources financières fournies et mobilisées par des interventions publiques (UNFCCC, 2019[3]). En s'appuyant sur ces travaux passés, et sur des données de meilleure qualité et plus détaillées, le présent rapport approfondit l'analyse en présentant non seulement des chiffres agrégés mais aussi des analyses plus fines sur les destinataires et les caractéristiques des financements correspondants fournis et mobilisés.

Au moment de la rédaction du présent rapport, les informations les plus récentes communiquées à la CCNUCC et au CAD de l'OCDE se rapportaient à l'année 2018. Le Tableau 1 synthétise les décalages chronologiques existants dans la mise à disposition des différents ensembles de données qui sous-tendent les chiffres de l'OCDE relatifs au financement climatique :

- Les données sur les financements climatiques bilatéraux relatives à 2019 (ainsi qu'à 2020) ne seront pas communiquées officiellement par les Parties visées à l'annexe 1 de la CCNUCC avant janvier 2022, date à laquelle les cinquièmes rapports biennaux devraient être prêts. L'Union européenne (pays membres et la Commission européenne) dispose d'un mécanisme interne de notification annuelle (*Mechanism for Monitoring and Reporting,* MMR). Dans ce cadre, les données relatives à l'année civile précédente sont généralement communiquées en octobre. Ainsi, les données pour 2019 ont été notifiées au moment où ce rapport était finalisé.
- Les données au niveau des activités relatives à 2019 concernant les financements climatiques publics multilatéraux, ainsi que les financements privés mobilisés, ne seront notifiées au CAD de l'OCDE dans le format standardisé requis qu'ultérieurement en 2020 dans le cadre de ses

processus statistiques annuels. Ensuite, l'OCDE procèdera à des contrôles de la qualité des données, à des ajustements (s'il y a lieu) ainsi qu'à une analyse pour garantir la comparabilité. Dans l'intervalle, les banques multilatérales de développement ont publié des chiffres agrégés sur le financement climatique fourni et mobilisé en 2019 (MDBs, 2020[4]). Cependant, ces chiffres ne sont pas obtenus selon la même méthodologie que celle employée par l'OCDE pour analyser le financement climatique fourni et mobilisé par les pays développés, notamment en termes de point de mesure, de couverture géographique et d'attribution. Par conséquent, ces chiffres agrégés ne sont pas directement comparables aux chiffres présentés dans ce rapport relatifs au « financements climatiques multilatéraux attribués aux pays développés » et au « financements privés mobilisés ».

Tableau 1. Décalages chronologiques dans la disponibilité des données nécessaires à l'OCDE pour produire les chiffres du financement climatique fourni et mobilisé par les pays développés

<table>
<tr><th>Composante</th><th>Ensemble de données</th><th>2018</th><th>2019</th><th>2020</th></tr>
<tr><td>Financements publics bilatéraux</td><td>Convention-cadre des Nations Unies sur les changements climatiques (CCNUCC)</td><td rowspan="4">T1 2020</td><td>T1 2022</td><td rowspan="4">T1 2022</td></tr>
<tr><td>Financements publics multilatéraux</td><td>Comité d'aide au développement (CAD) de l'OCDE</td><td rowspan="3">T1 2021</td></tr>
<tr><td>Crédits à l'exportation</td><td>Groupe des crédits à l'exportation de l'OCDE (ECG)</td></tr>
<tr><td>Financements privés mobilisés</td><td>Comité d'aide au développement (CAD) de l'OCDE</td></tr>
</table>

Note : Le calendrier ci-dessus présente les pratiques usuelles en matière de notification. Dans la pratique, l'expérience montre que certains pays et certaines institutions communiquent généralement les données plus tôt et que d'autres les transmettent plus tard.

La pandémie de COVID-19 peut avoir pour effet de perturber le calendrier des processus de certains pays et institutions, employés pour collecter et communiquer les données au niveau des activités pour l'année 2020. Comme le tableau ci-dessus le montre, normalement l'OCDE ne disposera pas de l'intégralité de ces données avant le premier trimestre 2022, au plus tôt. C'est alors seulement qu'il sera possible d'évaluer de manière approfondie dans quelle mesure la crise et ses conséquences ont pu aussi affecter la capacité de certains pays développés à fournir et mobiliser des financements climatiques et celle de certains pays en développement à absorber et déployer ces financements.

Remerciements

Ce rapport a été élaboré par la Direction de l'Environnement de l'OCDE, en étroite collaboration avec la Direction de la Coopération pour le Développement :

- L'analyse et la rédaction du rapport ont été effectuées principalement par Tomáš Hos, avec l'important concours de Chiara Falduto, sous la supervision de Raphaël Jachnik, et en bénéficiant des conseils de Jane Ellis et de Simon Buckle.
- Le rapport a également bénéficié des contributions et commentaires de Julia Benn, Giorgio Gualberti, Nicolina Lamhauge, Cécile Sangaré, Haje Schütte et Jens Sedemund.

Michael Gonter (Direction des Échanges et de l'Agriculture) a fourni les données sur les crédits à l'exportation liés au climat bénéficiant d'un soutien public notifiées conformément à l'Arrangement sur les crédits à l'exportation bénéficiant d'un soutien public, et a assuré la relecture des sections correspondantes du rapport.

Principaux résultats

Ce rapport présente le volume annuel du financement climatique fourni et mobilisé par les pays développés en faveur des pays en développement pour la période s'étendant de 2013 à 2018 dans le cadre des processus de la CCNUCC. Il ajoute les chiffres de 2018 à ceux déjà publiés par l'OCDE pour les années précédentes à partir du même cadre comptable. Ce cadre comptable est cohérent avec les décisions adoptées par la Conférence des Parties à la CCNUCC à sa 24e session relatives aux sources de financement et instruments financiers utilisés pour la comptabilisation des ressources financières fournies et mobilisées par des interventions publiques.

L'analyse repose sur quatre composantes distinctes : les financements climatiques publics bilatéraux émanant des pays développés, les financements climatiques publics multilatéraux attribués aux pays développés, les crédits à l'exportation liés au climat bénéficiant d'un soutien public accordés par les pays développés, et les financements climatiques privés mobilisés par et attribués aux financements publics fournis par les pays développés. En tant que tels, les chiffres présentés dans ce rapport ne rendent pas compte de l'ensemble des financements pour l'action climatique dans les pays en développement. En sont notamment exclus les financements climatiques publics nationaux et Sud-Sud, les financements climatiques multilatéraux attribuables aux pays en développement, ainsi que les fonds privés investis en l'absence d'interventions publiques de financement de la part des pays développés.

La série chronologique est cohérente de 2013 à 2018 pour les financements climatiques publics bilatéraux et multilatéraux et ceux des crédits à l'exportation. En conséquence, pour ces trois composantes, le rapport présente des analyses couvrant la période 2013-18. En revanche, les chiffres relatifs aux financements climatiques privés mobilisés à partir de 2016 ne sont pas directement comparables à ceux de 2013-14 en raison de la modernisation des méthodes de mesure et de l'absence de chiffre qui en a résulté pour 2015. En conséquence, l'analyse du financement climatique total fourni et mobilisé par les pays développés et celle des financements climatiques privés mobilisés se concentrent sur la période 2016-18.

Tendances générales

- Le financement climatique fourni et mobilisé par les pays développés en faveur des pays en développement atteignait 78.9 milliards USD en 2018, en hausse de 11 % par rapport aux 71.2 milliards USD enregistrés en 2017. C'est un taux de croissance inférieur à l'augmentation de 22 % observée entre 2016 (58.6 milliards USD) et 2017.
- Sur ce total, les financements climatiques publics fournis par les pays développés sont passés de 37.9 milliards USD en 2013 à 62.2 milliards USD en 2018, hors crédits à l'exportation liés au climat. Ce montant s'élève à 64.3 milliards USD en 2018 en incluant les crédits à l'exportation.
    - Les financements climatiques publics bilatéraux atteignaient 32.7 milliards USD en 2018, soit la plus grande part du total. C'est une augmentation de 5.7 milliards USD (+21 %) par rapport à 2017. Depuis 2013, cette composante a progressé en moyenne de 2 milliards USD par an.
    - Les financements climatiques publics multilatéraux attribués aux pays développés totalisaient 29.6 milliards USD en 2018. C'est 2.1 milliards USD de plus (+8 %) qu'en 2017. Depuis 2013, cette composante a augmenté en moyenne de 2.8 milliards USD par an.

- Les crédits à l'exportation bénéficiant d'un soutien public représentent toujours un faible volume, s'élevant à 2.1 milliards USD en 2018. Leur niveau moyen annuel sur la période 2013-18 est de 1.9 milliard USD.

- Les financements climatiques privés mobilisés attribués aux pays développés se sont stabilisés à 14.6 milliards USD en 2018. C'est 0.1 milliard USD de plus qu'en 2017, quand ils atteignaient 14.5 milliards USD, contre 10.1 milliards USD en 2016. L'augmentation moyenne annuelle sur la période 2016-18 est de 2.2 milliards USD.

Tableau 2. Financement climatique fourni et mobilisé par les pays développés (en milliards USD)

	2013	2014	2015	2016	2017	2018
Financements climatiques publics bilatéraux (1)	22.5	23.1	25.9	28.0	27.0	32.7
Financements climatiques publics multilatéraux imputables aux pays développés (2)	15.5	20.4	16.2	18.9	27.5	29.6
Sous-total (1+2)	**37.9**	**43.5**	**42.1**	**46.9**	**54.5**	**62.2**
Crédits à l'exportation liés au climat bénéficiant d'un soutien public (3)	1.6	1.6	2.5	1.5	2.1	2.1
Sous-total (1+2+3)	**39.5**	**45.1**	**44.6**	**48.5**	**56.7**	**64.3**
Financements climatiques privés mobilisés (4)	12.8	16.7	N/A	10.1	14.5	14.6
Par les financements climatiques publics bilatéraux	*6.5*	*8.1*	*N/A*	*5.0*	*3.7*	*3.8*
Par les financements climatiques publics multilatéraux imputables aux pays développés	*6.2*	*8.6*	*N/A*	*5.1*	*10.8*	*10.8*
Total général (1+2+3+4)	**52.2**	**61.8**	**N/A**	**58.6**	**71.2**	**78.9**

Note : Les chiffres étant arrondis, les totaux ne correspondent pas nécessairement à la somme de leurs composantes. L'absence de données pour le financement privé mobilisé en 2015 est liée à la modernisation des méthodes de mesure. Par conséquent, le total général pour la période 2016-18 et celui pour 2013-14 ne sont pas directement comparables.
Source : sur la base des rapports biennaux à la CCNUCC, des statistiques du Comité d'aide au développement de l'OCDE, des statistiques du Groupe de crédit à l'exportation de l'OCDE, ainsi que de données complémentaires rapportées à l'OCDE.

Répartition par objectif climatique, instrument et secteur

- Sur la période 2016-18, le total des financements pour l'atténuation et pour l'adaptation fournis et mobilisés par les pays développés, ont tous deux suivi une tendance à la hausse. Le financement de l'adaptation au changement climatique a augmenté de 29 % par an en moyenne pour atteindre 16.8 milliards USD en 2018, tandis que le financement de l'atténuation du changement climatique a progressé de 15 % par an en moyenne, et plus en termes absolus, atteignant 55 milliards USD en 2018. Le financement de l'atténuation représentait toujours plus des deux tiers (70 %) du total en 2018, le financement de l'adaptation 21 %, et le financement visant les deux objectifs le solde.
- Concernant les instruments financiers qui sous-tendent les financements climatiques publics fournis par les pays développés (par les canaux bilatéraux et via les institutions multilatérales), les prêts ont plus que doublé, passant de 19.8 milliards USD en 2013 à 46.3 milliards USD en 2018. Les dons ont oscillé autour de 10 milliards USD par an en 2013-15 et de 12 milliards USD en 2016-18. En conséquence, entre 2013 et 2018, la part des prêts dans le volume total des financements publics fournis est montée de 52 % à 74 %, tandis que la part des dons a reculé de 27 % à 20 %. Le montant des prises de participation a progressé, de 0.7 milliard USD en 2013 à 1.1 milliard USD en 2018, représentant 2 % du volume du financement climatique public.
- Le secteur de l'énergie a bénéficié de la plus grande part du total des financements climatiques fournis et mobilisés sur la période 2016-18 (34 %), suivi des secteurs du transport et de l'entreposage (14 %), de l'agriculture, de la sylviculture et de la pêche (9 %) et de l'eau et de l'assainissement (7 %). Le financement ayant pour objectif l'atténuation prédomine dans les secteurs de l'énergie et du transport. La part du financement de l'adaptation était la plus importante dans les secteurs de l'eau et de l'assainissement ainsi que de l'agriculture.

Répartition géographique

- Sur la période 2016-18, l'Asie a reçu la plus grande part (43 %) du total du financement climatique fourni et mobilisé par les pays développés, suivie de l'Afrique (25 %), des Amériques (17 %), de l'Europe hors UE/EEE (4 %) et de l'Océanie (1 %). Le reste (10 %) n'était pas spécifié au moment de la notification ou était destiné à plusieurs régions. Au niveau infrarégional, les zones peuplées densément, comme l'Asie du Sud et l'Asie de l'Est ou l'Amérique du Sud, ont bénéficié des plus grandes parts (18 %, 13 % et 12 %, respectivement).
- En 2016-18, 79 % du total du financement climatique fourni et mobilisé par les pays développés étaient notifiés comme étant attribués à des pays individuels, et 21 % étaient notifiés au niveau régional ou comme étant destinés à plusieurs pays. Les financements destinés aux pays les moins avancés (PMA) et aux petits États insulaires en développement (PEID) représentaient respectivement 14 % et 2 % du total. Concernant la répartition par groupe de revenu, 69 % concernaient les pays à revenu intermédiaire (PRI), 8 % les pays à faible revenu (PFR) et 2 % un petit nombre de pays à revenu élevé (PRE) entrant dans le périmètre géographique de l'analyse.
- Concernant le financement climatique par habitant, les PEID et autres pays comptant relativement peu d'habitants ont été les principaux bénéficiaires en 2016-18. Sur les 25 premiers bénéficiaires par habitant, 21 étaient des PEID. Les quatre autres comptent moins de 10 millions d'habitants. Les régions et sous-régions relativement peu peuplées, dont l'Océanie, l'Europe hors UE/EEE, et l'Asie centrale, ont bénéficié de plus de 20 USD par habitant, de même que l'Afrique du Nord et l'Amérique du Sud. Les sous-régions peuplées densément, comme l'Asie de l'Est et l'Asie du Sud, l'Afrique de l'Ouest et l'Afrique centrale, ont bénéficié de moins de 10 USD par habitant.
- La répartition du financement climatique dans les PFR diffère considérablement de celle dans les pays en développement en moyenne, avec l'adaptation, le financement par dons, le secteur de l'eau et de l'assainissement et celui de l'agriculture représentant tous des parts plus élevées du financement climatique fourni et mobilisé en 2016-18. En revanche, l'atténuation, les secteurs de l'énergie et du transport, les prêts et les financements privés mobilisés ont tous représenté tous des parts plus élevées pour les PRI que pour l'ensemble des pays en développement en moyenne.

Caractéristiques des financements climatiques privés mobilisés

- Les financements climatiques privés mobilisés par les pays développés en 2016-18 se sont concentrés presque exclusivement sur l'atténuation (93 %) et le secteur de l'énergie (60 % du total), et ont bénéficiés essentiellement aux PRI (69 %). Inversement, l'adaptation, le secteur de l'agriculture et les PFR ont représenté des parts beaucoup plus faibles. L'Asie (44 %), les Amériques (25 %) et l'Afrique (17 %) ont été les principales régions bénéficiaires.
- Sur la période 2016-18, les pays développés ont mobilisé des financements climatiques privés principalement via des investissements directs dans des entreprises ou dans des entités à vocation spéciale (EVS) pour le financement de projets, des garanties et des prêts syndiqués :
  - Les financements climatiques privés mobilisés via des garanties et des prêts syndiqués ont augmenté en termes absolus et relatifs, pour atteindre respectivement 31 % (4.5 milliards USD) et 19 % (2.8 milliards USD) du total de 14.6 milliards USD en 2018.
  - La mobilisation par le biais de l'investissement direct dans des entreprises ou des EVS a diminué en termes absolus et relatifs, mais reste le mécanisme de mobilisation principal en 2018 (4.8 milliards USD ; soit 33 % du total).
  - Les lignes de crédit (0.9 milliard USD en 2018), les investissements dans des fonds (0.8 milliard USD) et les dispositifs de cofinancement simple (0.8 milliard USD) ont représenté un peu moins de 20 % des financements climatiques privés mobilisés chaque année.

Données et considérations méthodologiques

- La disponibilité et la qualité des données ont augmenté avec le temps. Toutefois, elles peuvent encore être améliorées. Par exemple, la notification par les pays des données sur le financement climatique bilatéral à la CCNUCC dans un format harmonisé et facilitant le traitement informatique limiterait les erreurs et augmenterait l'efficacité des processus analytiques subséquents.
- La comparabilité des données permet d'éviter le double comptage. Une certaine normalisation peut s'opérer au sein des processus de collecte des données de chaque pays et entre institutions (par exemple, les banques multilatérales de développement). Cependant, les normes statistiques internationales, telles que celles définies par le Comité d'aide au développement (CAD) de l'OCDE, jouent un rôle crucial dans l'amélioration de la comparabilité et de la cohérence des données.
- La notification du financement climatique au niveau des activités individuelles maximise la qualité et la robustesse des analyses, et concourt à renforcer la confiance entre les pays bénéficiaires et les pays fournisseurs. Dans cette optique :
    - Les bailleurs de fonds publics bilatéraux et multilatéraux, pourraient améliorer la transparence sur la part de chaque projet qu'ils évaluent et notifient comme liée au climat, afin de répondre aux préoccupations potentielles de surestimations et pour faciliter l'examen par des tiers.
    - Les fournisseurs et destinataires de données pourraient renforcer leur collaboration pour résoudre les problèmes de confidentialité, en particulier ceux posés par les financements privés mobilisés, de manière à permettre à la communauté internationale d'accéder aux informations au niveau de détail nécessaire pour éclairer les politiques.

Infographie 1. Financement climatique fourni et mobilisé par les pays développés (2016-2018, %)

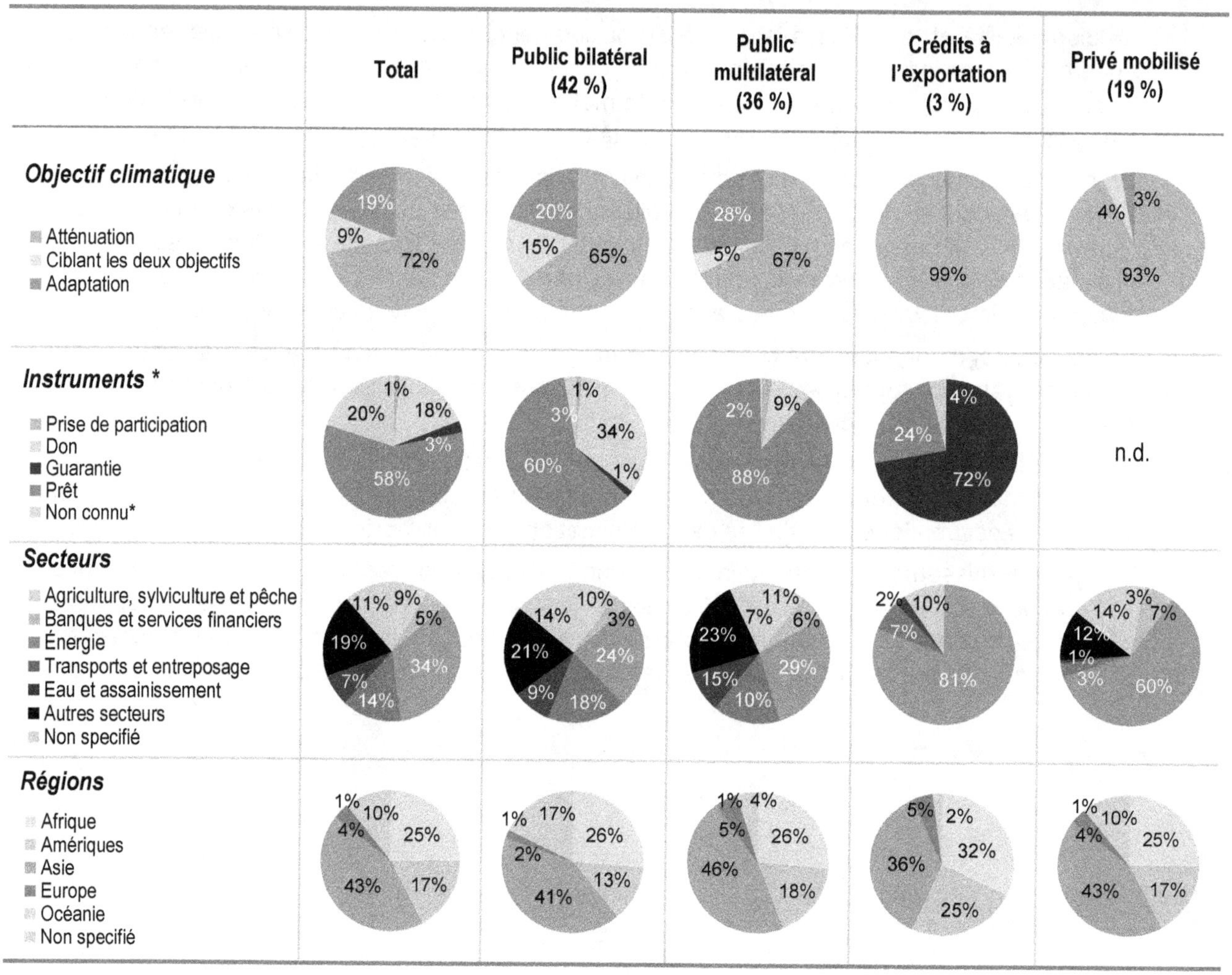
Total
Public bilatéral (42 %)
Public multilatéral (36 %)
Crédits à l'exportation (3 %)
Privé mobilisé (19 %)
Objectif climatique
Atténuation
Ciblant les deux objectifs
Adaptation
19% 9% 72%
20% 15% 65%
28% 5% 67%
99%
4% 3% 93%
Instruments *
Prise de participation
Don
Guarantie
Prêt
Non connu*
1% 20% 18% 3% 58%
1% 3% 34% 60% 1%
2% 9% 88%
4% 24% 72%
n.d.
Secteurs
Agriculture, sylviculture et pêche
Banques et services financiers
Énergie
Transports et entreposage
Eau et assainissement
Autres secteurs
Non specifié
11% 9% 5% 19% 34% 7% 14%
14% 10% 3% 21% 24% 9% 18%
11% 7% 6% 23% 29% 15% 10%
2% 10% 7% 81%
14% 3% 7% 12% 1% 3% 60%
Régions
Afrique
Amériques
Asie
Europe
Océanie
Non specifié
1% 10% 4% 25% 43% 17%
1% 17% 26% 2% 13% 41%
1% 4% 5% 26% 46% 18%
5% 2% 32% 36% 25%
1% 10% 4% 25% 43% 17%

* « Non connu » comprend les financements publics non spécifiés ainsi que l'ensemble des financements climatiques privés mobilisés.

** Chacune des régions ne comprend que les pays en développement tels que définis à l'annexe 3 de ce rapport.

Source : Chiffrage établi à partir des rapports biennaux présentés à la CCNUCC, des statistiques du Comité d'aide au développement de l'OCDE, des statistiques du Groupe des crédits à l'exportation de l'OCDE et de données complémentaires notifiées à l'OCDE.

Table des matières

Tableaux

Graphiques

Encadrés

1 Tendances globales

Ce chapitre met en lumière l'évolution des niveaux annuels du financement climatique fourni et mobilisé par les pays développés en faveur des pays en développement sur la période 2013-18 dans le contexte de la Convention-cadre des Nations Unies sur le changement climatique (CCNUCC). Il commence par exposer les grandes tendances, puis présente des analyses plus détaillées par objectif climatique, instrument financier et secteur.

Le cadre comptable de l'analyse est cohérent avec celui utilisé dans les deux précédents rapports de l'OCDE sur le financement climatique fourni et mobilisé par les pays développés en faveur des pays en développement (OECD, 2019[1]; OECD, 2015[2]) et dans le précédent rapport de l'OCDE sur les projections du financement climatique (OECD, 2016[3]). Le cadre comptable respecte en outre les décisions adoptées par la Conférence des Parties à la CCNUCC à sa 24e session relatives aux sources de financement et instruments financiers pour la comptabilisation des ressources financières fournies et mobilisées par des interventions publiques (UNFCCC, 2019[4]). L'analyse repose sur les quatre composantes distinctes suivantes :

- les financements climatiques publics bilatéraux ;
- les financements climatiques publics multilatéraux attribués aux pays développés
- les crédits à l'exportation liés au climat bénéficiant d'un soutien public ; et
- les financements climatiques privés mobilisés par les financements publics bilatéraux et multilatéraux, attribués aux pays développés.

Les chiffres relatifs aux trois premières composantes sont calculés au moyen de méthodologies et d'ensembles de données cohérents sur la période 2013-18, complétés par des estimations s'il y a lieu (par exemple, données manquant ponctuellement certaines années). Par conséquent, pour ces trois composantes, le rapport présente des analyses sur la période 2013-18.

En revanche, les méthodes et les données qui sous-tendent la composante « financement privé mobilisé » ont évolué de manière significative avec le temps, gagnant en maturité ces dernières années. Les chiffres relatifs aux financements climatiques privés pour la période 2013-14, qui étaient estimés à partir des meilleures données disponibles (parfois semi-agrégées) sur le cofinancement fournies par les apporteurs à l'époque, (OECD, 2015[2]) ne sont pas directement comparables avec les chiffres pour 2016 et au-delà. Comme expliqué dans (OECD, 2015[2]) et résumé à l'annexe B du présent rapport, ces derniers ont été obtenus au moyen de méthodes améliorées et des données normalisées au niveau des activités collectées sur cette base par le CAD de l'OCDE (OECD, 2020[5]). La modernisation de ces méthodes, notamment en termes de marquage climatique des données relatives au financement privé mobilisé data, s'est traduite par une rupture dans les données des séries chronologiques en 2015. C'est pourquoi l'analyse du total des financements climatiques fournis et mobilisés par les pays développés et celle des financements climatiques privés mobilisés couvrent la période 2016-18.

Les chiffres du financement climatique présentés dans ce rapport ne rendent pas compte de l'ensemble des financements pour l'action climatique dans les pays en développement. Étant donné la couverture géographique, ces chiffres ne comprennent ni les financements climatiques publics nationaux des pays en développement ni les financements climatiques publics bilatéraux entre pays en développement dans le contexte de la coopération « Sud-Sud » ni les financements climatiques privés multilatéraux mobilisés attribuables aux pays en développement eux-mêmes. En outre, les chiffres présentés n'incluent ni le financement privé résultant de l'effet catalyseur des interventions publiques, pour lequel on ne dispose toujours pas de méthode de mesure, ni le financement privé investi en l'absence de telles interventions.

1.1. Vue synthétique des quatre composantes

Depuis 2013, le volume total des financements climatiques fournis et mobilisés par les pays développés a augmenté, atteignant 78.9 milliards USD en 2018. Sur la période 2016-18, pour laquelle les volumes totaux sont comparables, le financement climatique s'est accru de 22 % entre 2016 et 2017 (passant de 58.6 milliards USD à 71.2 milliards USD) et de 11 % entre 2017 et 2018 (Graphique 1.1).

Les financements climatiques publics représente la plus grande part du total des financements climatiques fournis et mobilisés, atteignant 62.2 milliards USD (79 % du total) en 2018, et constitue le principal moteur de la tendance globale à la hausse enregistrée depuis 2013. Cette observation s'applique à la composante « financement climatique bilatéral » et à la composante « financement climatique multilatéral », qui formaient à elles deux les trois quarts des totaux annuels en 2016-18. En particulier :

- Les financements climatiques bilatéraux ont suivi une tendance à la hausse sur la période de six ans considérée, malgré un léger fléchissement en 2017. En 2018, le financement climatique public bilatéral s'élevait à 32.7 milliards USD, son plus haut niveau sur la période étudiée, soit une augmentation de 45 % par rapport à 2013 (USD 22.5 milliards). Depuis 2013, le financement climatique public bilatéral a progressé en moyenne de 2 milliards USD par an.
- Les financements climatiques multilatéraux attribués aux pays développés ont augmenté aussi, malgré une baisse en 2015, pour atteindre en 2018 (29.6 milliards USD) presque le double de 2013 (15.5 milliards USD). Depuis 2013, les financements climatiques publics multilatéraux ont progressé en moyenne de 2.8 milliards USD par an.

Graphique 1.1. Financement climatique fourni et mobilisé (2013-18, en milliards USD)

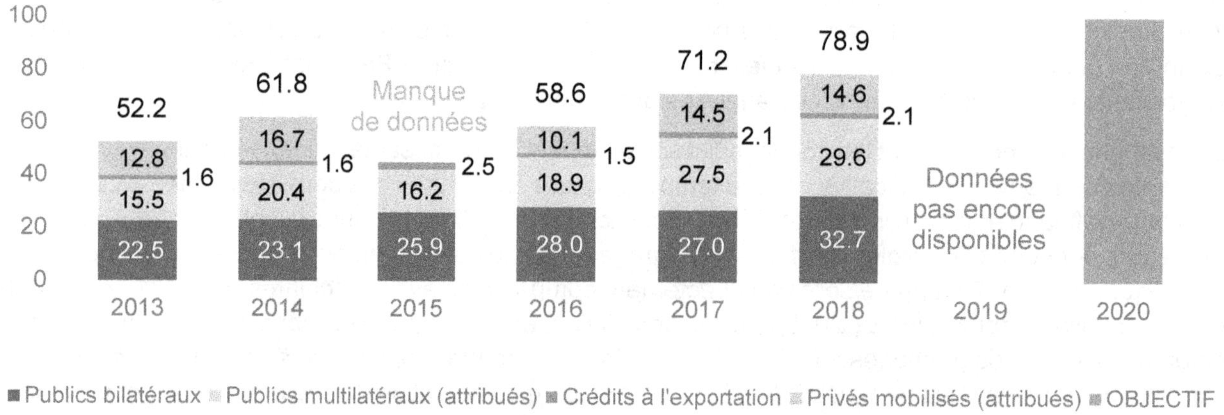
100
80
60
40
20
0
52.2
12.8
1.6
15.5
22.5
61.8
16.7
1.6
20.4
23.1
Manque
de données
2.5
16.2
25.9
58.6
10.1
1.5
18.9
28.0
71.2
14.5
2.1
27.5
27.0
78.9
14.6
2.1
29.6
32.7
Données
pas encore
disponibles
2013
2014
2015
2016
2017
2018
2019
2020
■ Publics bilatéraux ■ Publics multilatéraux (attribués) ■ Crédits à l'exportation ■ Privés mobilisés (attribués) ■ OBJECTIF

Note : La composante « Financements publics multilatéraux » ne représente pas le total des engagements des institutions multilatérales destinés aux pays en développement, mais seulement la part calculée par l'OCDE comme étant attribuable aux pays développés. L'absence de données en 2015 pour le financement privé mobilisé résulte de la modernisation des méthodes de mesure (voir (OECD DAC, 2020[6])). Par conséquent, le total général de 2016-17 et celui de 2013-14 ne sont pas directement comparables.
Source : Chiffrage établi à partir des rapports biennaux présentés à la CCNUCC, des statistiques du Comité d'aide au développement de l'OCDE, des statistiques du Groupe des crédits à l'exportation de l'OCDE et des montants faisant l'objet d'une notification supplémentaire à l'OCDE.

Le volume des crédits à l'exportation bénéficiant d'un soutien public et celui du financement climatique privé mobilisé ont fluctué au cours de la période, notamment en raison de variations dans les engagements annuels. Étant donné l'augmentation du financement climatique public, ces deux composantes représentent une part plus petite du total des financements climatiques en 2018 comparé à 2017 et 2016.

Les crédits à l'exportation bénéficiant d'un soutien public (garanties et prêts, voir annexe B) pour des activités liées au climat oscillent en moyenne aux alentours de 2 milliards USD par an depuis 2013. Ils représentent une part faible et décroissante du total des financements climatiques fournis et mobilisés. Cette tendance peut s'expliquer en partie par la difficulté à assurer un suivi exhaustif des crédits à l'exportation liés au climat, en particulier à retracer les activités correspondantes autres que celles du secteur des énergies renouvelables (annexe B).

Les financements climatiques privés mobilisés par les pays développés se sont accrus de 4.4 milliards USD (43 %) entre 2016 et 2017 ; passant de 10.1 milliards USD à 14.5 milliards USD. Entre 2017 et 2018, il ont augmenté de 0.1 milliard USD. Le chapitre 3 analyse plus en détail les financements climatiques privés mobilisés, notamment en contraste aux financements privés mobilisés pour des projets non climatiques.

1.2. Répartition thématique

Sur la période 2016-18, pour laquelle les totaux généraux sont comparables, le financement climatique ayant pour objectifs l'atténuation et l'adaptation est en hausse en glissement annuel (Graphique 1.2). Le financement ciblant l'adaptation a augmenté de 29 % en moyenne annuelle, de 10.1 milliards USD en 2016 à 16.8 milliards USD en 2018. Cependant, le suivi du financement de l'adaptation au changement climatique pose encore des difficultés, comme le montre l'encadré (Encadré 1.1). Le financement ciblant l'atténuation s'est accru surtout de 2016 à 2017, passant de 42.2 milliards USD à 52.3 milliards USD (+24 %), et plus modérément ensuite pour atteindre 55 milliards USD en 2018 (soit une croissance annuelle moyenne de 15 %). Le financement ciblant les deux objectifs (notifié pour l'essentiel par les apporteurs bilatéraux, et nettement moins par les institutions multilatérales) a commencé par reculer de 6.2 milliards USD en 2016 à 5.5 milliards USD en 2017 avant de s'accroître en 2018 pour atteindre 7.1 milliards USD (une hausse de 15 % par rapport à 2016).

Graphique 1.2. Répartition thématique du financement climatique fourni et mobilisé (2013-18, en milliards USD)

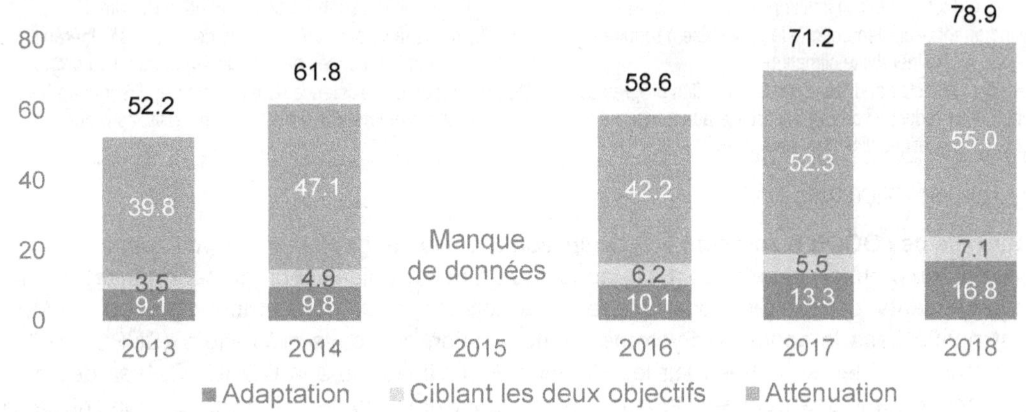
80
60
40
20
0
52.2
39.8
3.5
9.1
61.8
47.1
4.9
9.8
Manque de données
58.6
42.2
6.2
10.1
71.2
52.3
5.5
13.3
78.9
55.0
7.1
16.8
2013
2014
2015
2016
2017
2018
Adaptation
Ciblant les deux objectifs
Atténuation

Source : Chiffrage établi à partir des rapports biennaux présentés à la CCNUCC, des statistiques du Comité d'aide au développement de l'OCDE et des montants faisant l'objet d'une notification supplémentaire à l'OCDE.

Encadré 1.1. Le suivi du financement du développement lié à l'adaptation

Le Groupe d'experts intergouvernemental sur l'évolution du climat (GIEC) (2018[7]) définit l'adaptation comme étant le processus d'ajustement des systèmes humains et naturels aux effets préjudiciables actuels et attendus du changement climatique, établissant une distinction entre adaptation incrémentielle et adaptation transformationnelle. L'adaptation incrémentielle « préserve l'essence et l'intégrité d'un système ou d'un processus à une échelle donnée. » L'adaptation transformationnelle « modifie les attributs fondamentaux d'un système socio-écologique en prévision de l'évolution du climat et de ses impacts. » L'adaptation incrémentielle continue peut servir l'adaptation transformationnelle.

L'adoption de l'Accord de Paris a attiré davantage l'attention sur l'adaptation au changement climatique en établissant l'objectif mondial consistant « à renforcer les capacités d'adaptation, à accroître la résilience aux changements climatiques et à réduire la vulnérabilité à ces changements, en vue de contribuer au développement durable et de garantir une riposte adéquate en matière d'adaptation dans le contexte de l'objectif de température énoncé à l'article 2 » (Article 7.1). L'Accord reconnaît en outre que l'adaptation est un problème mondial qui se pose à tous, comportant des dimensions locales, infranationales, nationales, régionales et internationales (Article 7.2). Les domaines de collaboration potentiels en matière d'adaptation sont précisés à l'Article 7.7 et les domaines d'action potentiels à l'Article 7.9. S'y ajoute un appel à fournir des ressources financières accrues pour parvenir à un équilibre entre l'adaptation et l'atténuation (Article 9.4). En outre, l'Accord prévoit la diffusion de communications sur l'adaptation comme moyen pour le pays de faire connaître ses priorités en matière d'adaptation, ses besoins en matière de mise en œuvre et d'appui, ses projets et ses mesures (Article 7.10) (UNFCCC, 2015[8]).

Indépendamment des processus de la CCNUCC, les marqueurs Rio de l'OCDE (OECD DAC, 2016[9]) et la méthodologie commune des BMD pour assurer le suivi du financement climatique (MDBs, 2020[10]) recommandent une approche en trois étapes pour identifier les financements liés à l'adaptation (Tableau 1.1). Si ces deux cadres de notification sont indépendants, les critères d'éligibilité définis par l'OCDE ont bénéficié des enseignements tirés de la méthodologie commune des BMD déjà établie lorsqu'ils ont fait l'objet d'un examen et d'une révision en 2015.

Tableau 1.1. Principales étapes des méthodologies des BMD et de l'OCDE (marqueurs Rio) utilisées pour assurer le suivi du financement de l'adaptation

BMD	CAD DE L'OCDE
Définition du contexte de vulnérabilité au changement climatique dans lequel s'inscrit le projet	Définition du cadre des risques, des vulnérabilités et des impacts liés à la variabilité et à l'évolution du climat
Déclaration indiquant explicitement que le projet vise à réduire la vulnérabilité climatique	Expression de la volonté de traiter les risques, les vulnérabilités et les impacts recensés dans la documentation du projet
Établissement d'un lien clair et direct entre les activités propres au projet et l'objectif de réduction de la vulnérabilité au changement climatique visé par le projet.	Démonstration de l'existence d'un lien clair et direct entre les risques, vulnérabilités et impacts identifiés et les activités propres au projet

Source : (MDBs, 2020[10]), (OECD DAC, 2016[9]).

Les marqueurs Rio de l'OCDE établissent une distinction entre les engagements dont l'adaptation constitue l'objectif principal (ou premier) et ceux dont elle constitue un objectif significatif (ou secondaire). Le montant total des engagements considérés comme ayant l'adaptation pour objectif principal ou pour objectif significatif est notifié dans le cadre du Système de notification des pays créanciers (SNPC) de l'OCDE. Lorsqu'ils communiquent leurs données sur leur financement climatique à la CCNUCC, bien des membres de l'OCDE s'appuient sur des données auxquelles un marqueur Rio est attribué. Ce faisant, la plupart ajustent les montants notifiés, notamment en appliquant des coefficients (voir aussi l'annexe B). Les BMD emploient une approche par composante, selon laquelle chaque engagement individuel fait l'objet d'un examen pour déterminer quelle composante vise un objectif d'adaptation, et seule cette composante est notifiée au titre du financement de l'adaptation, dans leurs propres systèmes de notification mais aussi dans le SNPC de l'OCDE.

En termes relatifs, l'objectif d'atténuation représente toujours plus des deux tiers du total des financements climatiques fournis et mobilisés. Le financement ciblant l'adaptation, par contre, a progressé modérément en termes relatifs, sa part passant de 17 % en 2016 à 21 % en 2018 (Graphique 1.2). Le financement des activités ciblant les deux objectifs a légèrement fluctué, entre un minimum de 7 % du total et un maximum de 11 % du total au cours de la période 2013-18.

1.3. Répartition par instrument

Sur la période 2013-2018, l'accroissement des financements climatiques publics fournis par les pays développés (bilatéraux et multilatéraux attribués combinés, hors crédits à l'exportation) ont principalement été induits par les prêts pour le développement (Graphique 1.3). Le volume des prêts a plus que doublé, passant de 19.8 milliards USD en 2013 à 46.3 milliards USD en 2018. Après avoir avoisiné les 10 milliards USD en 2013-15, le financement sous la forme de dons est monté à 12 milliards USD en 2016 puis s'est maintenu dans cet ordre de grandeur les deux années suivantes. Les prises de participation constituent un instrument marginal durant la période de six ans considérée, leur volume oscillant autour de 1 milliard USD. En termes relatifs, la part des prêts dans les financements climatiques publics a augmenté de 52 % en 2013 à 74 % en 2018 tandis que la part des dons a diminué de 27 % en 2013 à 20 % en 2018.

Graphique 1.3. Financements climatiques publics fournis, par instrument (2013-18, milliards USD)

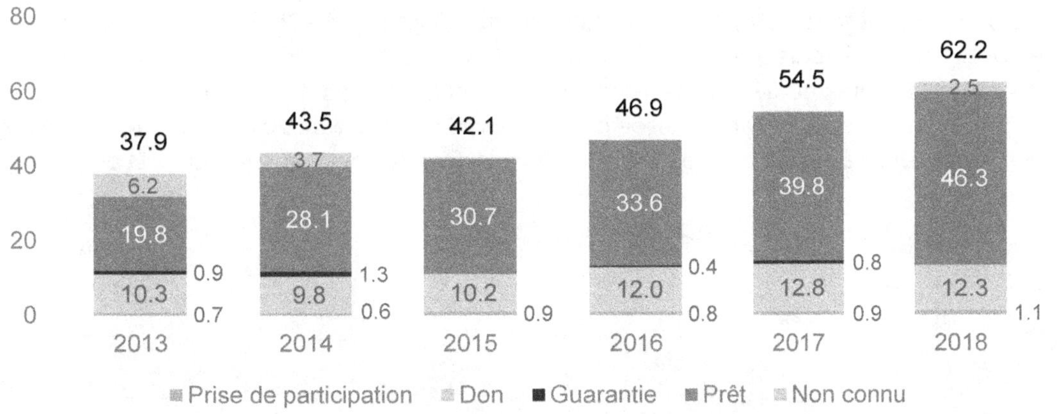
80
60
40
20
0
37.9
6.2
19.8
0.9
10.3
0.7
43.5
3.7
28.1
1.3
9.8
0.6
42.1
30.7
10.2
0.9
46.9
33.6
0.4
12.0
0.8
54.5
39.8
0.8
12.8
0.9
62.2
2.5
46.3
12.3
1.1
2013
2014
2015
2016
2017
2018
Prise de participation
Don
Guarantie
Prêt
Non connu

Note : Les chiffres excluent les crédits à l'exportation et les financements privés mobilisés. Les garanties se rapportent spécifiquement aux données des États-Unis sur le financement climatique bilatéral, qui incluent les garanties pour le développement. Pour les autres fournisseurs bilatéraux et pour les institutions multilatérales, les garanties pour le développement sont comptabilisées pour leur effet de mobilisation de financements privés.

Source : Chiffrage établi à partir des rapports biennaux présentés à la CCNUCC, des statistiques du Comité d'aide au développement de l'OCDE et des montants faisant l'objet d'une notification supplémentaire à l'OCDE.

Comme de précédentes analyses de l'OCDE l'ont montré (OECD, 2019[1]) et comme Encadré 1.2 l'illustre, la majorité (72 %) des prêts bilatéraux consentis au cours des années 2016-18 étaient concessionnels selon les critères de l'APD. Les apporteurs multilatéraux n'accordent pas de financement concessionnel sur la base de considérations liées à l'APD mais en fonction du groupe de revenu auquel appartient le bénéficiaire. Sur cette base, 54 % des prêts accordés par des fonds climatiques multilatéraux ont été notifiés comme concessionnels. En revanche, la majorité (76 %) des prêts des BMD sont classés comme non concessionnels, car ils sont dans une large mesure octroyés à des bénéficiaires qui n'entrent pas dans la catégorie des pays à faible revenu (PFR). Dans la pratique, ces prêts multilatéraux non concessionnels sont néanmoins assortis de modalités et conditions plus favorables que celles prévalant sur le marché des capitaux et/ou sont accordés pour des activités auxquelles le secteur privé pourrait être réticent à participer.

Encadré 1.2. Concessionnalité des prêts: éléments de définitions and illustrations

Sont concessionnels les prêts consentis à des conditions plus avantageuses que celles du marché. Ces conditions plus avantageuses peuvent être un taux d'intérêt inférieur au taux du marché, un différé d'amortissement plus long ou une combinaison des deux. La concessionnalité compte pour beaucoup dans le financement du développement. Or les membres du CAD (donneurs bilatéraux et UE), d'une part, et les banques multilatérales de développement (BMD) et autres institutions multilatérales prêteuses, d'autre part, définissent différemment le caractère concessionnel, sur lequel repose la notification des prêts concessionnels et des prêts non concessionnels.

Le caractère concessionnel des prêts selon les membres du CAD

Pour les membres du CAD, le niveau de concessionnalité d'un prêt est un critère majeur pour déterminer si le prêt est comptabilisable dans l'APD. Le niveau de concessionnalité est évalué en calculant l'« élément de libéralité », c'est-à-dire en évaluant les conditions financières en prenant en considération quatre facteurs : le taux d'intérêt, le différé d'amortissement, la durée et le taux d'actualisation. Un prêt est considéré comme ayant un caractère concessionnel dès lors que son élément de libéralité dépasse 10 % pour les PRITS, 15 % pour les PRITI ou 45 % pour les PMA et autres PFR. En outre, les prêts assortis de conditions non conformes à la politique du FMI relative aux limites d'endettement ou à la politique de la Banque mondiale en matière d'emprunts non concessionnels ne sont pas comptabilisables dans l'APD. Les prêts au titre du financement du développement qui ne répondent pas aux conditions requises pour être comptabilisés dans l'APD sont enregistrés dans la catégorie « Autres apports du secteur public » (AASP). Sur cette base, et comme le montre le Graphique 1.4, presque les trois quarts (72 %) des prêts accordés au titre du financement climatique par les membres du CAD en 2016-18 étaient concessionnels. La part des prêts concessionnels accordés par les membres du CAD est passée de 65 % en 2016 à 80 % en 2018 (+15 %) ; il est à noter que le caractère concessionnel n'était pas spécifié pour 20 % des prêts des membres du CAD en 2016.

Graphique 1.4. Prêts accordés au titre du financement climatique bilatéral, par niveau de concessionnalité (2016-18, %)

72%
20%
8%
Concessional
Non-concessional
Unspecified
72%
20%
8%
Concessionnel
Non-concessionnel
Non specifié

Source : Chiffrage établi à partir des rapports biennaux présentés à la CCNUCC.

Le caractère concessionnel des prêts multilatéraux

Concernant les prêts octroyés par les organisations multilatérales (à savoir les BMD et les fonds climatiques multilatéraux), le caractère concessionnel n'est pas défini en calculant un « élément de libéralité », mais en fonction de leur capacité à accorder un crédit à des conditions financièrement viables, sur la base de leur propre coût de financement. Les prêts concessionnels multilatéraux nécessitent des ressources externes sous forme de dons pour être financièrement viables. Les prêts non concessionnels sont financièrement viables uniquement grâce au faible coût auquel les organisations multilatérales se financent et à leur statut de « créancier privilégié ». Les prêts multilatéraux non concessionnels peuvent donc être consentis à des conditions plus avantageuses que celles prévalant sur le marché. Les organisations multilatérales décident d'accorder un prêt concessionnel ou un prêt non concessionnel en fonction du niveau de revenu du pays bénéficiaire ainsi que d'éléments permettant de déterminer la qualité de sa signature et la viabilité de sa dette. En général, les PRI et les PRE peuvent accéder aux prêts multilatéraux non concessionnels. Sur cette base, comme le montre le Graphique 1.5, plus des trois quarts (77 %) des prêts accordés par les BMD en 2016-18 ont été notifiés comme non concessionnels. À l'opposé, 54 % des prêts octroyés par les fonds climatiques multilatéraux au cours de la même période ont été notifiés comme concessionnels.

Graphique 1.5. Prêts accordés au titre du financement climatique multilatéral, par niveau de concessionnalité (2016-18, %)

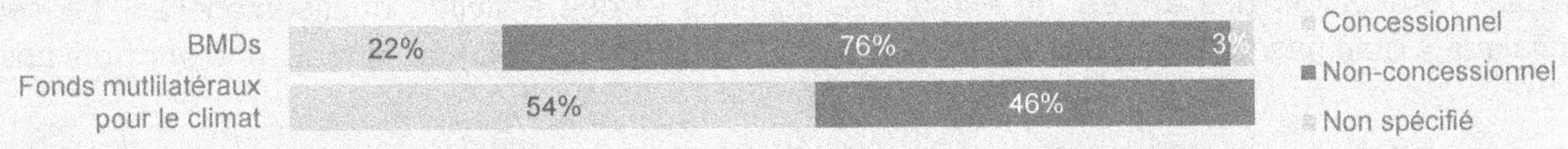
BMDs
22%
76%
3%
Fonds mutlilatéraux pour le climat
54%
46%
Concessionnel
Non-concessionnel
Non spécifié

Source : Chiffrage établi à partir des statistiques du Comité d'aide au développement de l'OCDE.

Lorsque l'on décompose l'utilisation des différents instruments du financement public par objectif climatique (Graphique 1.6), on constate que les prises de participation et les prêts servent en grande majorité des objectifs d'atténuation (89 % et 75 % respectivement). À l'opposé, les dons se concentrent sur les activités d'adaptation et les activités ciblant les deux objectifs (38 % et 29 % respectivement). Au cours des trois années considérées, la répartition des financements publics sous forme de dons et de prises de participation entre les différents objectifs climatiques a peu évolué en termes relatifs. Par contre, le recours aux prêts pour des objectifs d'adaptation s'est accru, passant de 16 % en 2016 à 24 % en 2018, tandis que la part des prêts dans le financement de l'atténuation a diminué de 79 % en 2016 à 70 % en 2018.

Graphique 1.6. Financements climatiques publics fournis, par objectif climatique et par instrument (2016-18, %)

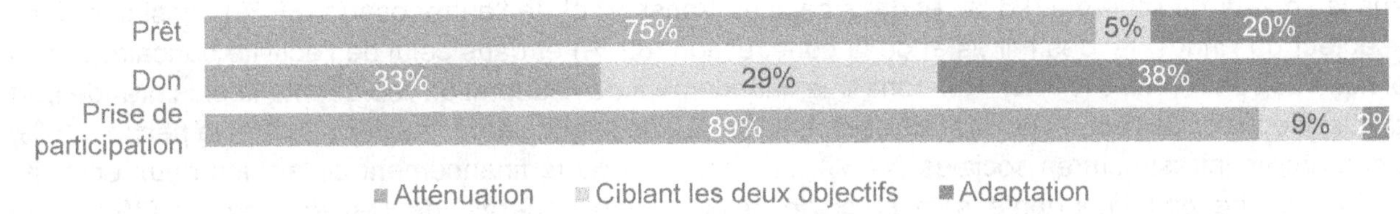
Prêt
75%
5%
20%
Don
33%
29%
38%
Prise de participation
89%
9%
2%
Atténuation
Ciblant les deux objectifs
Adaptation

Source : Chiffrage établi à partir des rapports biennaux présentés à la CCNUCC, des statistiques du Comité d'aide au développement de l'OCDE, et des montants faisant l'objet d'une notification supplémentaire à l'OCDE.

Sur la période 2016-18, la majorité des crédits à l'exportation liés au climat (72 %) ont été fournis sous la forme de garanties contre le risque de crédit qui protègent le prêteur contre un défaut de paiement de l'emprunteur, et les crédits à l'exportation sous forme de prêts ont représenté 24 %. Pour les quatre pour cent restant, l'instrument n'était pas spécifié. Les données relatives au financement climatique privé mobilisé ne permettent actuellement pas une analyse par instrument financier, car ces informations n'ont pas été collectées jusqu'à présent. Le chapitre 3, cependant, apporte des éclairages sur les types de mécanismes de financement public utilisés par les pays développés pour mobiliser des financements climatiques privés.

1.4. Par secteur

Le secteur de l'énergie, suivi du secteur du transport et de l'entreposage, a reçu la plus grande part du total du financement climatique fourni et mobilisé par les pays développés en 2016-18 (Graphique 1.7). Avec une moyenne annuelle de 23.8 milliards USD, le financement climatique fourni et mobilisé au profit du secteur de l'énergie a représenté 34 % de la moyenne sur trois ans, suivi des secteurs du transport et de l'entreposage (9.7 milliards USD ; 14 %), de l'agriculture, la sylviculture et la pêche (6 milliards USD ; 9 %), de l'eau et de l'assainissement (5.2 milliards USD ; 7 %) et de l'activité bancaire et des services aux entreprises (3.4 milliards USD ; 5 %). Le financement climatique fourni et mobilisé au profit d'autres secteurs s'est élevé à 13.4 milliards USD (19 %) par an en moyenne au cours des trois années considérées, comprenant principalement les secteurs de la protection générale de l'environnement, de la santé, de l'éducation, des autres infrastructures sociales et des activités multisectorielles. Le secteur bénéficiaire n'était pas spécifié pour les 11 % restant (7.9 milliards USD) de la moyenne sur trois ans.

Graphique 1.7. Répartition sectorielle du financement climatique fourni et mobilisé (2016-2018, %)

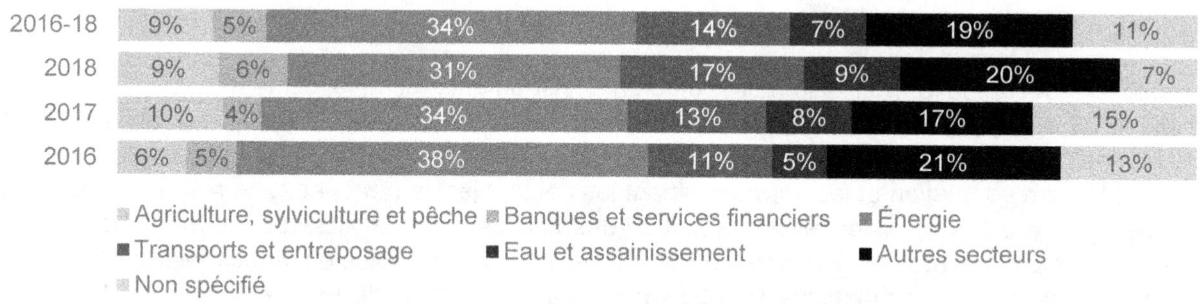
2016-18
9%
5%
34%
14%
7%
19%
11%
2018
9%
6%
31%
17%
9%
20%
7%
2017
10%
4%
34%
13%
8%
17%
15%
2016
6%
5%
38%
11%
5%
21%
13%
Agriculture, sylviculture et pêche
Banques et services financiers
Énergie
Transports et entreposage
Eau et assainissement
Autres secteurs
Non spécifié

Source : Chiffrage établi à partir des rapports biennaux présentés à la CCNUCC, des statistiques du Comité d'aide au développement de l'OCDE, des statistiques du Groupe des crédits à l'exportation de l'OCDE et des montants faisant l'objet d'une notification supplémentaire à l'OCDE.

Lorsque l'on décompose par objectif climatique le financement climatique fourni et mobilisé dans les différents secteurs (Graphique 1.8), on constate que le financement de l'atténuation prédomine nettement dans le secteur de l'énergie (96 %) et dans celui du transport et de l'entreposage (88 %), ainsi que dans le secteur de l'industrie, des mines et de la construction (82 %) et dans celui de l'activité bancaire et des services aux entreprises (79 %). Par contre, le financement de l'adaptation représente la plus grande part dans les secteurs de l'eau et de l'assainissement (63 %), de l'agriculture, la sylviculture et la pêche (52 %) et des autres infrastructures sociales (44 %). Les secteurs où le financement ciblant les deux objectifs représente une part importante sont ceux de la protection générale de l'environnement (39 %), de l'agriculture, de la sylviculture et de la pêche (20 %) et des activités multisectorielles (17 %).

Graphique 1.8. Objectif climatique du financement climatique fourni et mobilisé, par secteur (2016-18, %)

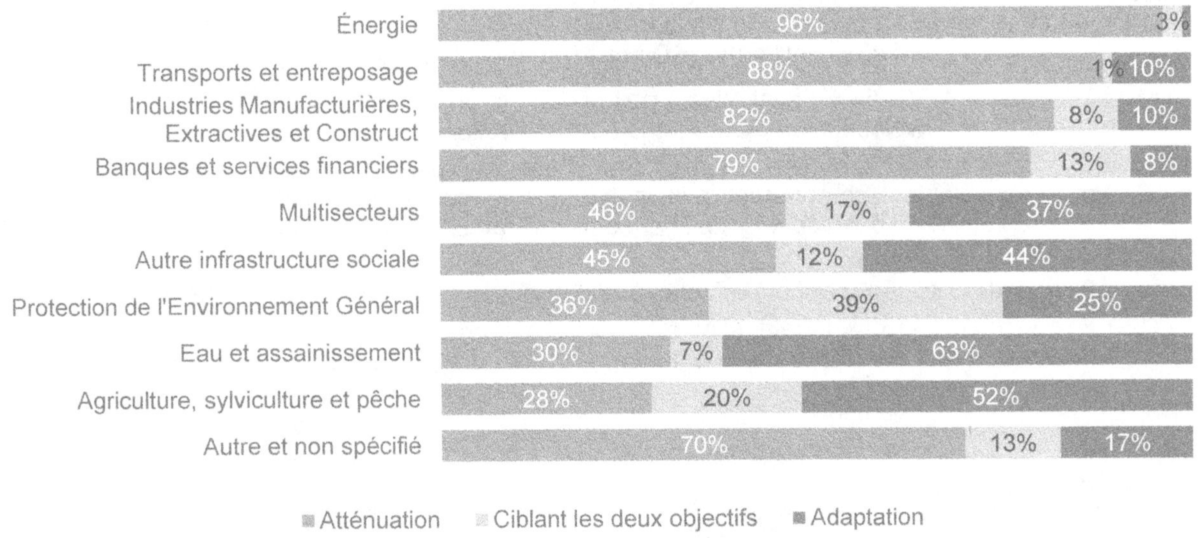
Énergie
96%
3%
Transports et entreposage
88%
1%
10%
Industries Manufacturières, Extractives et Construct
82%
8%
10%
Banques et services financiers
79%
13%
8%
Multisecteurs
46%
17%
37%
Autre infrastructure sociale
45%
12%
44%
Protection de l'Environnement Général
36%
39%
25%
Eau et assainissement
30%
7%
63%
Agriculture, sylviculture et pêche
28%
20%
52%
Autre et non spécifié
70%
13%
17%
Atténuation
Ciblant les deux objectifs
Adaptation

Source : Chiffrage établi à partir des rapports biennaux présentés à la CCNUCC, des statistiques du Comité d'aide au développement de l'OCDE, des statistiques du Groupe des crédits à l'exportation de l'OCDE et des montants faisant l'objet d'une notification supplémentaire à l'OCDE.

L'analyse de la répartition sectorielle des différents thèmes climatiques (Graphique 1.9) montre que presque les deux tiers du financement climatique fourni et mobilisé pour des activités d'atténuation sur la période 2016-18 se répartissaient entre le secteur de l'énergie (46 %) et le secteur du transport et de l'entreposage (17 %). Environ la moitié du financement ciblant l'adaptation a été fourni et mobilisé au profit des secteurs de l'eau et de l'assainissement (24 %) et de l'agriculture, de la sylviculture et de la pêche (23 %), et 35 % sont allés à d'autres secteurs, dont la vaste catégorie de la protection générale de l'environnement et des activités multisectorielles ainsi que les secteurs de la santé, de l'éducation et autres secteurs sociaux.

Graphique 1.9. Répartition sectorielle du financement climatique fourni et mobilisé, par objectif (2016-18, %)

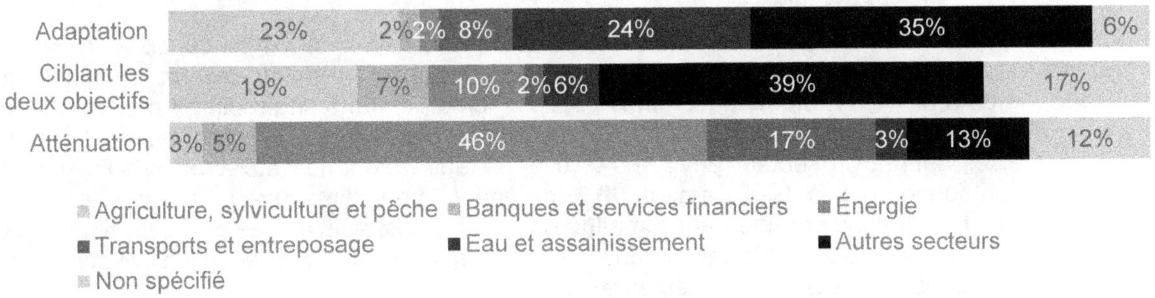
Adaptation
23%
2%
2%
8%
24%
35%
6%
Ciblant les deux objectifs
19%
7%
10%
2%
6%
39%
17%
Atténuation
3%
5%
46%
17%
3%
13%
12%
Agriculture, sylviculture et pêche
Banques et services financiers
Énergie
Transports et entreposage
Eau et assainissement
Autres secteurs
Non spécifié

Source : Chiffrage établi à partir des rapports biennaux présentés à la CCNUCC, des statistiques du Comité d'aide au développement de l'OCDE, des statistiques du Groupe des crédits à l'exportation de l'OCDE et des montants faisant l'objet d'une notification supplémentaire à l'OCDE.

Encadré 1.3. Point sur le financement climatique dans le secteur de l'énergie

Le secteur de l'énergie a représenté 34 % du total des financements climatiques fournis et mobilisés par les pays développés au cours de la période 2016-18, recevant la part la plus élevée de tous les secteurs. Cela a représenté 23.8 milliards USD par an en moyenne, se décomposant comme suit :

- 12.5 milliards USD (53 %) sont allés à des projets de production d'énergie à partir de sources d'énergies renouvelables, en particulier le solaire, l'éolien et l'hydroélectricité ;
- 1.2 milliard USD (5 %) est allé à la production d'énergie à partir de certaines sources d'énergies non renouvelables, comprenant principalement les centrales électriques au gaz naturel, hybrides et utilisant des déchets. Le financement lié au charbon est exclu de ces chiffres et des précédents ;
- 2.2 milliards USD (9 %) ont été affectés à la distribution de l'énergie (électricité et gaz) ;
- 7.8 milliards USD (33 %) étaient liés à la politique énergétique, à l'efficacité énergétique ou à des activités non spécifiées dans le secteur de l'énergie (regroupées sous la dénomination « Énergie, général »).

Graphique 1.10. Répartition du financement climatique fourni et mobilisé dans le secteur de l'énergie (2016-2018, %)

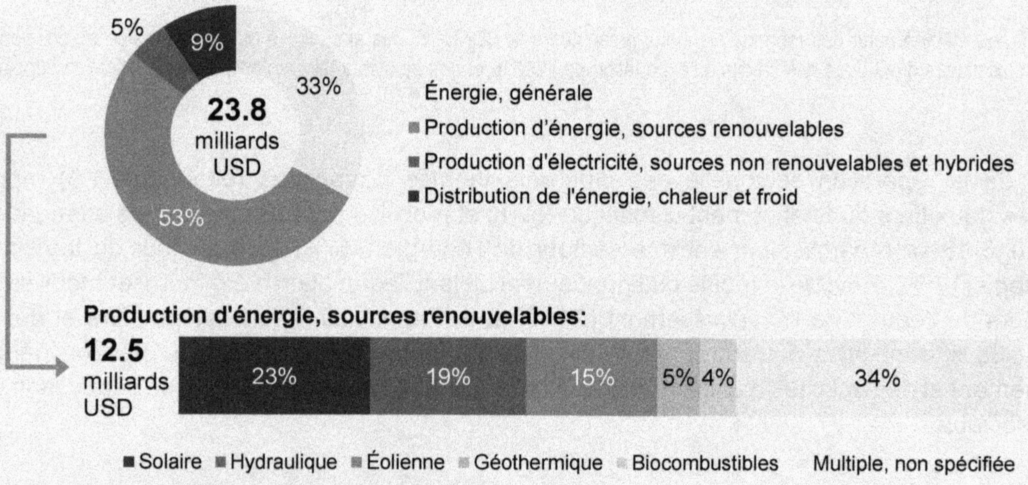
5%
9%
33%
53%
23.8 milliards USD
Énergie, générale
Production d'énergie, sources renouvelables
Production d'électricité, sources non renouvelables et hybrides
Distribution de l'énergie, chaleur et froid
Production d'énergie, sources renouvelables:
12.5 milliards USD
23%
19%
15%
5%
4%
34%
Solaire
Hydraulique
Éolienne
Géothermique
Biocombustibles
Multiple, non spécifiée

Source : Chiffrage établi à partir des rapports biennaux présentés à la CCNUCC, des statistiques du Comité d'aide au développement de l'OCDE, des statistiques du Groupe des crédits à l'exportation de l'OCDE et des montants faisant l'objet d'une notification supplémentaire à l'OCDE.

Sur les 23.8 milliards USD fournis et mobilisés par an en moyenne, 61 % consistaient en des financements climatiques publics provenant d'apporteurs bilatéraux et multilatéraux, principalement sous la forme de prêts (84 % des financements publics fournis) et dans une moindre mesure de dons (13 %) et de prises de participation (2 %). 33 % du total des financements climatiques liés à l'énergie ont été mobilisés auprès du secteur privé, et les 6 % restant étaient liés aux crédits à l'exportation bénéficiant d'un soutien public. Globalement, 96 % du financement climatique lié à l'énergie ciblaient des activités d'adaptation au changement climatique. Les parts respectives des prêts, du financement privé mobilisé et des objectifs d'atténuation dans le secteur de l'énergie sont sensiblement supérieures à celles observées pour tous les autres secteurs.

L'Asie a reçu la plus grande part (46 %) du financement climatique lié à l'énergie. Cela tient principalement aux importantes sommes allouées à l'Asie du Sud et à l'Asie de l'Est. L'Afrique et les Amériques ont représenté approximativement un quart chacune (26 % et 22 % respectivement).

2 Répartition géographique

Ce chapitre présente une analyse du financement climatique fourni et mobilisé par les pays développés en faveur des pays en développement en le décomposant par région, par pays bénéficiaire et par groupe de pays classés en fonction du revenu. L'analyse porte également sur la répartition par volume total ainsi que par habitant. L'annexe C donne la liste complète des pays et territoires bénéficiaires étudiés dans le présent rapport.

2.1. Par région

L'Asie a été de loin la principale région bénéficiaire du financement climatique fourni et mobilisé par les pays développés en 2016-18, avec 30.1 milliards USD (43 %) par an en moyenne, suivie de l'Afrique (17.3 milliards USD ; 25 %) et des Amériques (12 milliards USD ; 17 %). L'Europe hors UE/EEE a reçu 2.4 milliards USD (4 %) et l'Océanie 0.5 milliard USD (1 %) par an en moyenne (Graphique 2.1). Sur ces trois années, la répartition régionale des financements climatiques est stable en glissement annuel. Au moment où les données ont été communiquées, un dixième du financement climatique fourni et mobilisé sur les trois années considérées (7.1 milliards USD par an en moyenne) n'était pas spécifié par région ou était destiné à plusieurs pays dans différentes régions (voir l'annexe B pour des précisions sur cette limite méthodologique).

Graphique 2.1. Financement climatique fourni et mobilisé par région (2016-2018, %)

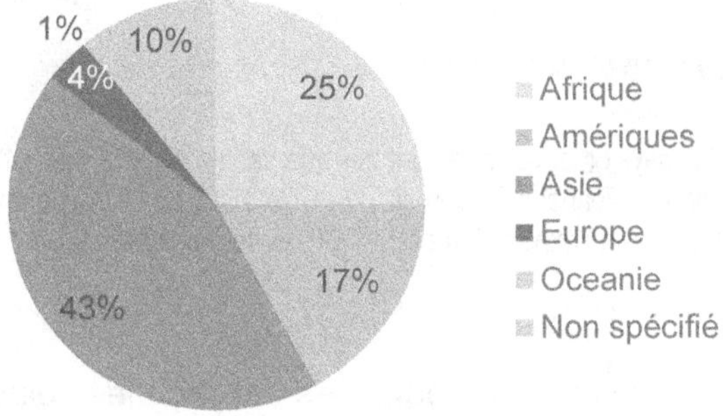
1%
10%
4%
25%
43%
17%
Afrique
Amériques
Asie
Europe
Oceanie
Non spécifié

Note : Les régions ne comprennent que les pays en développement tels que définis dans l'annexe C.
Source : Chiffrage établi à partir des rapports biennaux présentés à la CCNUCC, des statistiques du Comité d'aide au développement de l'OCDE, des statistiques du Groupe des crédits à l'exportation de l'OCDE et des montants faisant l'objet d'une notification supplémentaire à l'OCDE.

Au niveau infrarégional (Graphique 2.2) on constate qu'au cours de la période 2016-18 :

- En Asie, le financement climatique était destiné principalement à l'Asie du Sud (12.5 milliards USD ; 18 % du total du financement climatique par an en moyenne) et à l'Asie de l'Est (9.1 milliards USD ; 13 %). L'Asie centrale a reçu la plus faible part (1.9 milliard USD ; 3 %).

- En Afrique, le financement climatique a été alloué essentiellement à l'Afrique de l'Est (4.8 milliards USD ; 7 %), à l'Afrique du Nord (4.1 milliards USD ; 6 %) et à l'Afrique de l'Ouest (3.3 milliards USD ; 5 %). L'Afrique centrale (1.1 milliard USD) et l'Afrique australe (0.8 milliard USD) ont reçu 3 % à elles deux.
- Aux Amériques, le financement climatique est allé principalement à l'Amérique du Sud (8.5 milliards USD ; 12 %), suivie de l'Amérique centrale (2.3 milliards USD ; 3 %) et des Caraïbes (0.7 milliard USD ; 1 %).

Graphique 2.2. Financement climatique fourni et mobilisé par sous-région (2016-18, milliards USD, moyenne annuelle, %)

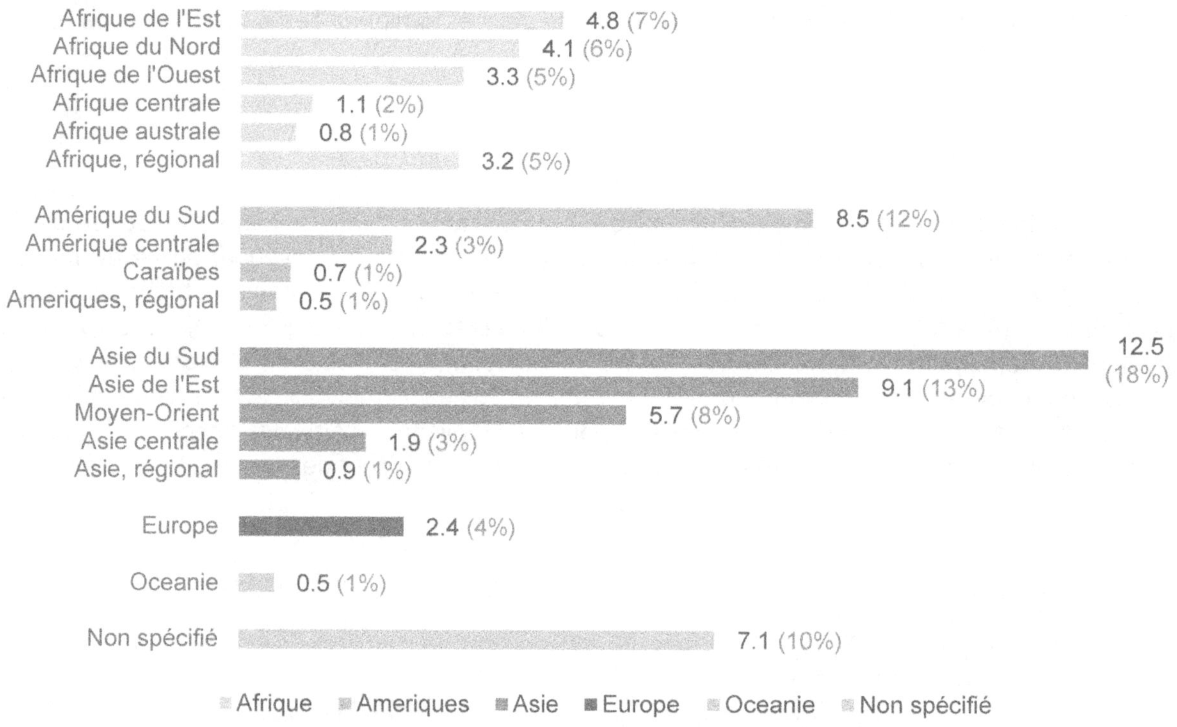
Afrique de l'Est 4.8 (7%)
Afrique du Nord 4.1 (6%)
Afrique de l'Ouest 3.3 (5%)
Afrique centrale 1.1 (2%)
Afrique australe 0.8 (1%)
Afrique, régional 3.2 (5%)
Amérique du Sud 8.5 (12%)
Amérique centrale 2.3 (3%)
Caraïbes 0.7 (1%)
Ameriques, régional 0.5 (1%)
Asie du Sud 12.5 (18%)
Asie de l'Est 9.1 (13%)
Moyen-Orient 5.7 (8%)
Asie centrale 1.9 (3%)
Asie, régional 0.9 (1%)
Europe 2.4 (4%)
Oceanie 0.5 (1%)
Non spécifié 7.1 (10%)
Afrique
Ameriques
Asie
Europe
Oceanie
Non spécifié

Note : Les régions ne comprennent que les pays en développement tels que définis dans l'annexe C.
Source : Chiffrage établi à partir des rapports biennaux présentés à la CCNUCC, des statistiques du Comité d'aide au développement de l'OCDE, des statistiques du Groupe des crédits à l'exportation de l'OCDE et des montants faisant l'objet d'une notification supplémentaire à l'OCDE.

Les régions et sous-régions relativement peu peuplées ont reçu les volumes de financement climatique les plus élevés par habitant sur la période 2016-18 (Graphique 2.3). C'est tout particulièrement le cas de l'Océanie (47 USD par habitant pour une population de 11 millions de personnes), des pays en développement en Europe (31.3 USD par habitant pour une population de 78 millions), et de la sous-région de l'Asie centrale (21.2 USD par habitant pour une population de 88 millions). Parmi les autres sous-régions ayant reçu des montants élevés par habitant figurent l'Afrique du Nord (21.6 USD pour une population de 192 millions) et l'Amérique du Sud (20.2 USD pour une population de 419 millions).

À l'opposé, les régions densément peuplées, notamment l'Asie de l'Est (2.1 milliards d'habitants) et l'Asie du Sud (1.9 milliard d'habitants), se sont vues attribuer les montants par habitant les plus faibles (4.3 USD et 6.8 USD, respectivement) par an en moyenne au cours de la période 2016-18. L'Afrique subsaharienne dans son ensemble (1.1 milliard d'habitants) a bénéficié de 9.5 USD par habitant, mais avec d'importantes variations au niveau infrarégional. Par exemple, l'Afrique australe (64.8 millions d'habitants) a reçu 12.5 USD par habitant, mais l'Afrique centrale (164 millions d'habitants) seulement 6.4 USD par habitant.

Graphique 2.3. Financement climatique fourni et mobilisé, par habitant et par sous-région (2016-18, moyenne annuelle en USD)

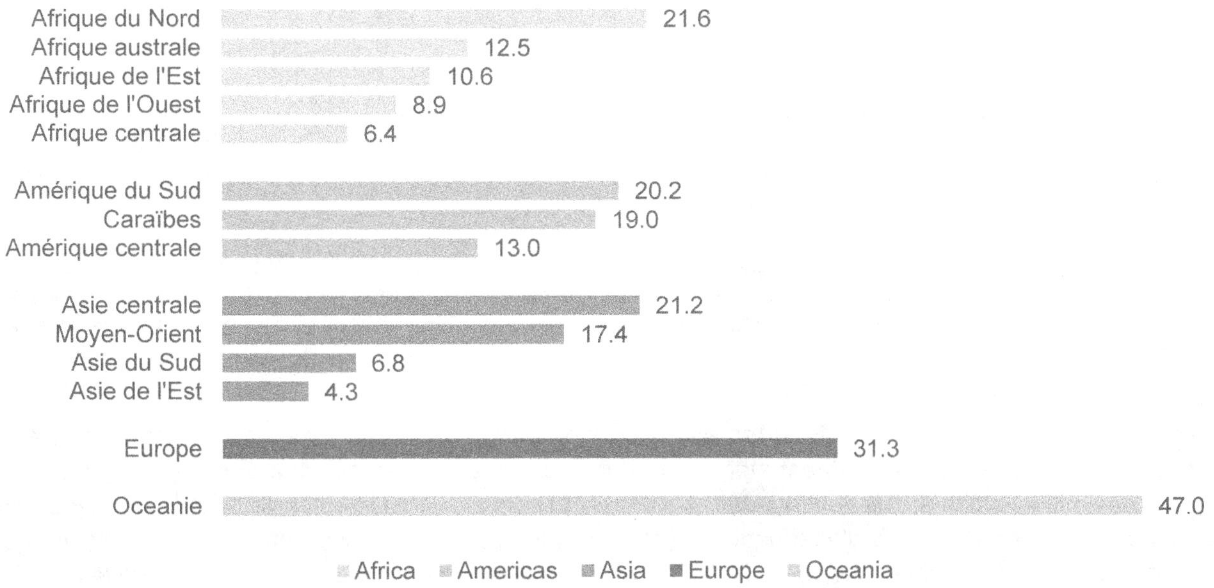
Afrique du Nord 21.6
Afrique australe 12.5
Afrique de l'Est 10.6
Afrique de l'Ouest 8.9
Afrique centrale 6.4
Amérique du Sud 20.2
Caraïbes 19.0
Amérique centrale 13.0
Asie centrale 21.2
Moyen-Orient 17.4
Asie du Sud 6.8
Asie de l'Est 4.3
Europe 31.3
Oceanie 47.0
Africa
Americas
Asia
Europe
Oceania

Note : Les régions ne comprennent que les pays en développement tels que définis dans l'annexe C.
Source : Chiffrage établi à partir des rapports biennaux présentés à la CCNUCC, des statistiques du Comité d'aide au développement de l'OCDE, des statistiques du Groupe des crédits à l'exportation de l'OCDE et des montants faisant l'objet d'une notification supplémentaire à l'OCDE. Données démographiques : (UN DESA, 2019[11]), complétées par (EUROSTAT, 2019[12]).

2.2. Par groupe de revenu

Sur la période 2016-18, en moyenne par an, 55.2 milliards USD étaient ventilables par pays (79 % de la moyenne annuelle du total des financements climatiques). Les 14.3 milliards USD restant (21 %) ont été notifiés comme couvrant un périmètre plus vaste, régional, et, de ce fait, ne pouvaient pas être ventilés par groupe de revenu.

Comme le montre le Graphique 2.4, les pays à revenu intermédiaire ont été les principaux bénéficiaires du financement climatique en 2016-18. En moyenne par an, 28.1 milliards USD (40 % du total) sont allés aux pays à revenu intermédiaire de la tranche inférieure (PRITI) et 19.9 milliards USD (29 %) aux pays à revenu intermédiaire de la tranche supérieure (PRITS). Les pays à faible revenu (PFR) ont bénéficié de 5.4 milliards USD (8 %). Les pays à revenu élevé (PRE) entrant dans la catégorie des pays en développement telle que définie pour les besoins de l'analyse (voir annexe C) ont reçu 1.7 milliard USD (2 %). Le Graphique 2.4 illustre également les différences qui existent en termes de destination entre les différentes composantes qui sous-tendent les chiffres. Si les financements climatiques publics bilatéraux sont fortement axés sur les PRITI, les financements climatiques publics multilatéraux et le financements privés mobilisés se répartissent de manière plus égale entre les PRITI et les PRITS.

Graphique 2.4. Financement climatique fourni et mobilisé, par groupe de revenu des pays bénéficiaires (2016-18, moyenne, milliards USD)

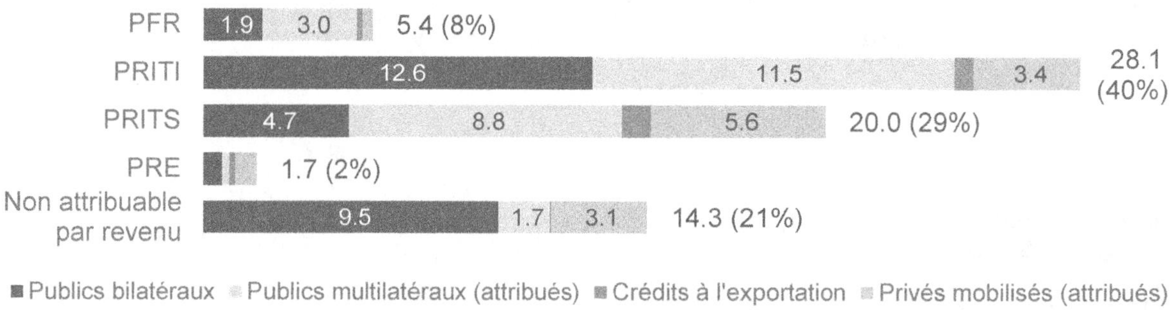
PFR
1.9
3.0
5.4 (8%)
PRITI
12.6
11.5
3.4
28.1 (40%)
PRITS
4.7
8.8
5.6
20.0 (29%)
PRE
1.7 (2%)
Non attribuable par revenu
9.5
1.7
3.1
14.3 (21%)
Publics bilatéraux
Publics multilatéraux (attribués)
Crédits à l'exportation
Privés mobilisés (attribués)

Source : Chiffrage établi à partir des rapports biennaux présentés à la CCNUCC, des statistiques du Comité d'aide au développement de l'OCDE, des statistiques du Groupe des crédits à l'exportation de l'OCDE et des montants faisant l'objet d'une notification supplémentaire à l'OCDE. Pour les groupes de revenu : (World Bank, 2020[13]), données complétées par (OECD, 2020[14]) pour les territoires n'entrant pas dans la classification de la Banque mondiale.

L'objectif climatique du total des financements climatiques fournis et mobilisés au sein des différents groupes de revenu a été relativement stable au cours des trois années considérées. Le Graphique 2.5 montre que plus le niveau de revenu des pays bénéficiaires est élevé, plus la part du financement climatique ciblant des objectifs d'atténuation s'accroît et plus celle du financement climatique ciblant des objectifs d'adaptation diminue. Ainsi, en 2016-18, 92 % du financement alloué au nombre limité de PRE entrant dans le champ de l'analyse ciblaient des objectifs d'atténuation ; seulement 7 % ciblaient des objectifs d'adaptation. À l'opposé, les parts respectives du financement des objectifs d'atténuation et des objectifs d'adaptation destiné aux PFR atteignaient presque 46 % et 44 %.

Graphique 2.5. Financement climatique fourni et mobilisé, par groupe de revenu et par objectif (2016 18, %)

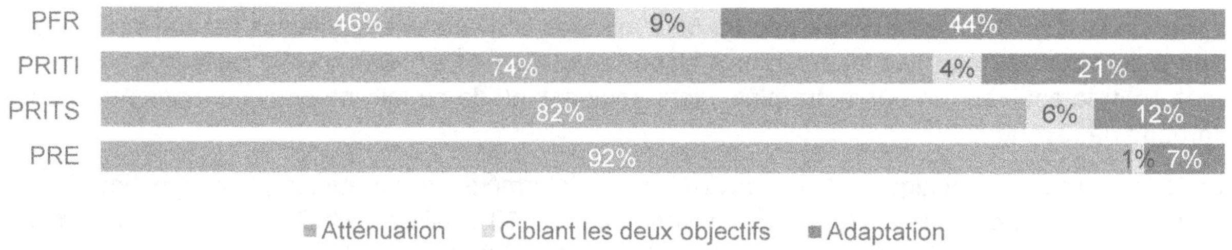
PFR
46%
9%
44%
PRITI
74%
4%
21%
PRITS
82%
6%
12%
PRE
92%
1%
7%
Atténuation
Ciblant les deux objectifs
Adaptation

Note : Seul le financement climatique alloué aux pays en développement individuellement (79 % du total sur la période 2016-18) figure dans ce graphique.
Source : Chiffrage établi à partir des rapports biennaux présentés à la CCNUCC, des statistiques du Comité d'aide au développement de l'OCDE, des statistiques du Groupe des crédits à l'exportation de l'OCDE et des montants faisant l'objet d'une notification supplémentaire à l'OCDE. Pour les groupes de revenu : (World Bank, 2020[13]) , données complétées par (OECD, 2020[14]) pour les territoires n'entrant pas dans la classification de la Banque mondiale.

Une corrélation peut également s'observer entre les instruments financiers et le groupe de revenu dans le contexte du financement public bilatéral et multilatéral (Graphique 2.6). Plus le revenu du pays bénéficiaire est important, plus la part des dons est faible et celle des prêts élevée. Ainsi, la part des prêts dans le financement public émanant des pays développés est la plus élevée pour les PRE (96 %), tandis celle des dons est la plus élevée pour les PFR (42 %). Dans les PRI, la plupart des financements climatiques publics ont été fournis sous la forme de prêts (88 % dans les PRITS et 89 % dans les PRITI), et les dons ont représenté 10 % dans les deux groupes. Les prises de participation ont été utilisées surtout dans les PRITS (1.4 %).

Graphique 2.6. Financement climatique public, par groupe de revenu et par instrument (2016-18, %)

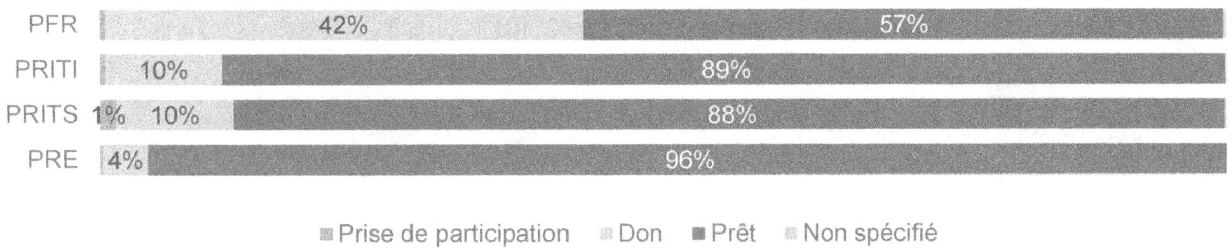
PFR
42%
57%
PRITI
10%
89%
PRITS
1%
10%
88%
PRE
4%
96%
Prise de participation
Don
Prêt
Non spécifié

Note : Seul le financement climatique alloué aux pays en développement individuellement (79 % du total pour la période 2016-18) figure dans ce graphique.
Source : Chiffrage établi à partir des rapports biennaux présentés à la CCNUCC, des statistiques du Comité d'aide au développement de l'OCDE, des statistiques du Groupe des crédits à l'exportation de l'OCDE et des montants faisant l'objet d'une notification supplémentaire à l'OCDE. Pour les groupes de revenu : (World Bank, 2020[13]), données complétées par (OECD, 2020[14]) pour les territoires n'entrant pas dans la classification de la Banque mondiale.

Concernant la distribution sectorielle du financement climatique fourni et mobilisé par les pays développés en faveur des pays en développement en 2016-18 (Graphique 2.7), l'énergie a été le principal secteur bénéficiaire dans tous les groupes de revenu. Sa part, toutefois, augmente considérablement avec le niveau de revenu, passant de 34 % dans les PFR à 75 % dans les PRE. Le secteur de l'agriculture, de la sylviculture et de la pêche a été fortement ciblé dans les PFR (18 %) et les PRITI (11 %), mais très peu dans les PRITS (4 %) et les PRE (1 %). Le secteur du transport et de l'entreposage enregistre sa plus grande part dans les PRITI (25 %). La part de l'eau et de l'assainissement avoisine les 10 % dans les PFR, les PRITI et les PRE.

Graphique 2.7. Financement climatique, par groupe de revenu et par secteur (2016-18, %)

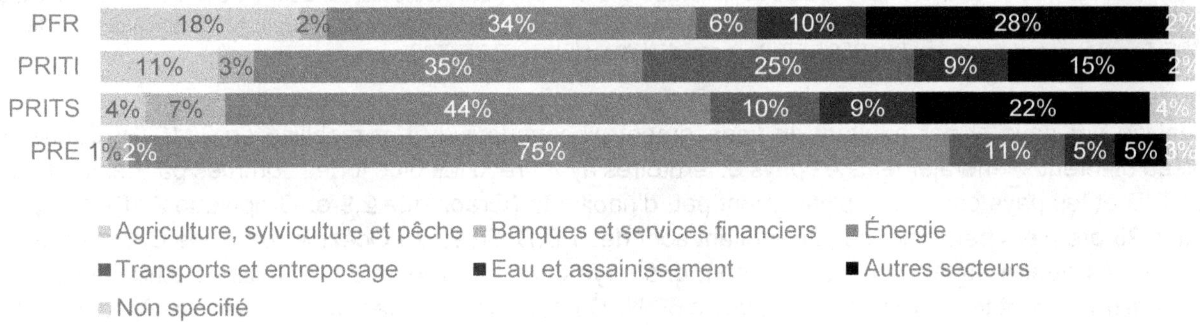
PFR
18%
2%
34%
6%
10%
28%
2%
PRITI
11%
3%
35%
25%
9%
15%
2%
PRITS
4%
7%
44%
10%
9%
22%
4%
PRE
1%
2%
75%
11%
5%
5%
3%
Agriculture, sylviculture et pêche
Banques et services financiers
Énergie
Transports et entreposage
Eau et assainissement
Autres secteurs
Non spécifié

Note : Seul le financement climatique alloué aux pays en développement individuellement (79 % du total pour la période 2016-18) figure dans ce graphique.
Source : Chiffrage établi à partir des rapports biennaux présentés à la CCNUCC, des statistiques du Comité d'aide au développement de l'OCDE, des statistiques du Groupe des crédits à l'exportation de l'OCDE et des montants faisant l'objet d'une notification supplémentaire à l'OCDE. Pour les groupes de revenu : (World Bank, 2020[13]), données complétées par (OECD, 2020[14]) pour les territoires n'entrant pas dans la classification de la Banque mondiale.

2.3. Par pays

De nombreux grands pays en développement à revenu intermédiaire densément peuplés ont été les principaux bénéficiaires du financement climatique fourni et mobilisé en 2016-18 (Graphique 2.8). En outre, tous les pays en développement qui ont bénéficié d'un volume de financement climatique supérieur à 1 milliard USD par an en moyenne en 2016-18 sont des PRI (PRITI ou PRITS). Le montant annuel moyen par PRI varie considérablement, et la plupart des PFR se sont vus allouer en moyenne 50-300 millions USD par an. La plupart des PEID (voir Encadré 2.1) et des PRE ont reçu les plus faibles volumes de financement climatique (voir aussi Graphique 2.10).

Graphique 2.8. Financement climatique fourni et mobilisé, par pays bénéficiaire (2016 18, moyenne, milliards USD)

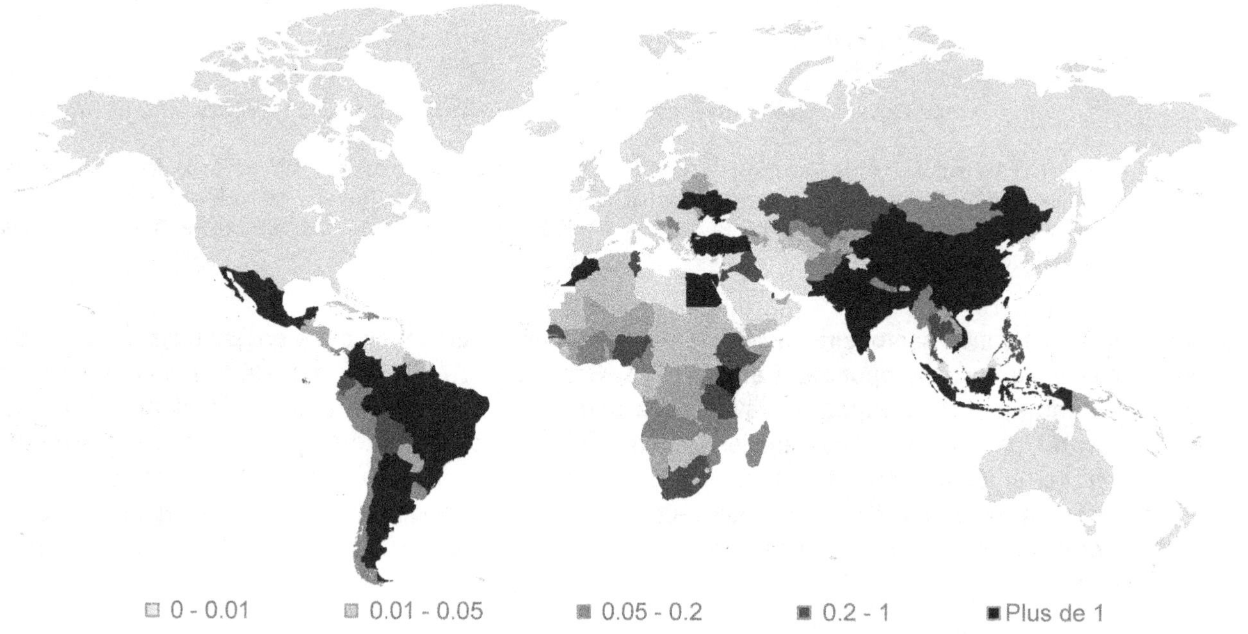
0 - 0.01
0.01 - 0.05
0.05 - 0.2
0.2 - 1
Plus de 1

Note : Seul le financement climatique alloué aux pays en développement individuellement (79 % du total sur la période 2016-18) figure dans ce visuel. Le financement climatique non ventilable par pays s'élève à 14.3 milliards USD par an en moyenne sur la période 2016-18.
Source : Chiffrage établi à partir des rapports biennaux présentés à la CCNUCC, des statistiques du Comité d'aide au développement de l'OCDE, des statistiques du Groupe des crédits à l'exportation de l'OCDE et des montants faisant l'objet d'une notification supplémentaire à l'OCDE. Données démographiques : (UN DESA, 2019[11]), complétées par (EUROSTAT, 2019[12]).

L'analyse par pays et par habitant du financement climatique fourni et mobilisé en 2016-18 donne un tableau différent. Généralement, les pays et territoires ayant reçu les plus fortes sommes par habitant sont les PEID et les pays comptant relativement peu d'habitants (Graphique 2.9 et Graphique 2.10). Vingt-et-un des 25 premiers bénéficiaires par habitant sont des PEID situés en Océanie, dans les Caraïbes et en Afrique. Les quatre autres bénéficiaires sont des pays comptant moins de 10 millions d'habitants. Ces 25 premiers pays et territoires ont reçu plus de 69 USD par habitant et par an en moyenne. Par contre, les PFR ont reçu, en moyenne, moins de 15 USD par habitant. Les pays et territoires ayant perçu les plus faibles sommes par habitant sont les PRE, essentiellement au Moyen-Orient, et les PRI et les PFR touchés par un conflit.

Étudier séparément le financement de l'adaptation et le financement de l'atténuation fait apparaître les enseignements suivants :

- Les principaux bénéficiaires par habitant du financement de l'adaptation demeurent les PEID et les pays comptant moins de 10 millions d'habitants. La liste des 20 premiers bénéficiaires par habitant du financement de l'adaptation comprend 18 PEID, qui ont tous reçu plus de 25 USD par habitant au titre du financement de l'adaptation. En outre, 42 des 50 premiers bénéficiaires par habitant du financement pour l'adaptation au changement climatique sont des pays comptant moins de 10 millions d'habitants, six en comptent 10-20 millions et deux plus de 20 millions.
- Les principaux bénéficiaires par habitant du financement de l'atténuation constituent un éventail plus diversifié de pays. Si plus de la moitié des 20 premiers bénéficiaires par habitant du financement de l'atténuation sont des PEID, la liste comprend aussi sept autres pays comptant moins de 10 millions d'habitants. Contrairement à ce que l'on peut observer pour le financement de l'adaptation, la liste des 50 premiers bénéficiaires par habitant du financement de l'atténuation comprend 13 pays comptant plus de 10 millions d'habitants, dont cinq en ayant plus de 40 millions.

Graphique 2.9. Financement climatique fourni et mobilisé, par habitant et par pays (2016-18 moyenne, USD)

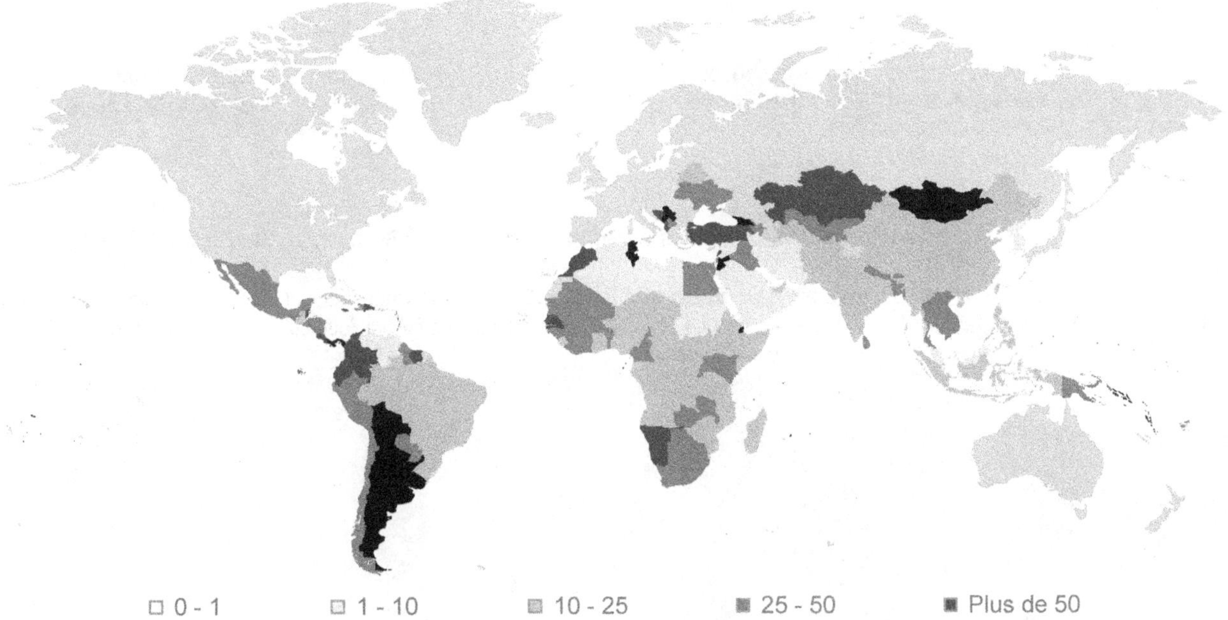

□ 0 - 1
□ 1 - 10
■ 10 - 25
■ 25 - 50
■ Plus de 50

Note : Seul le financement climatique alloué aux pays individuellement (79 % du total sur la période 2016-18) figure dans ce visuel.
Source : Chiffrage établi à partir des rapports biennaux présentés à la CCNUCC, des statistiques du Comité d'aide au développement de l'OCDE, des statistiques du Groupe des crédits à l'exportation de l'OCDE et des montants faisant l'objet d'une notification supplémentaire à l'OCDE. Données démographiques : (UN DESA, 2019[11]), complétées par (EUROSTAT, 2019[12]).

De plus, le Graphique 2.10 représente par niveau de revenu le financement climatique fourni et mobilisé par les pays développés en faveur des pays en développement et territoires individuels (anonymisés) par an en moyenne au cours de la période 2016-18. Les PEID constituent la majorité des pays et territoires recevant les plus faibles volumes de financement climatique en termes absolus (principalement moins de 100 millions USD), mais les plus forts montants par habitant (principalement 100 USD et plus). En outre, les volumes de financement climatique alloués aux PMA individuels présentent des écarts considérables, variant de 10 millions USD à 1 milliard USD, en termes absolus, mais se concentrent aux alentours de 10 USD par habitant. Globalement, le Graphique 2.10 fait également apparaître que plus le niveau de revenu du bénéficiaire est élevé, plus les montants alloués sont faibles. Par habitant, cette tendance est moins évidente à établir, même si la plupart des PRI ont reçu entre 10 et 100 USD par habitant.

Graphique 2.10. Financement climatique par pays et par niveau de revenu (2016-18, moyenne)

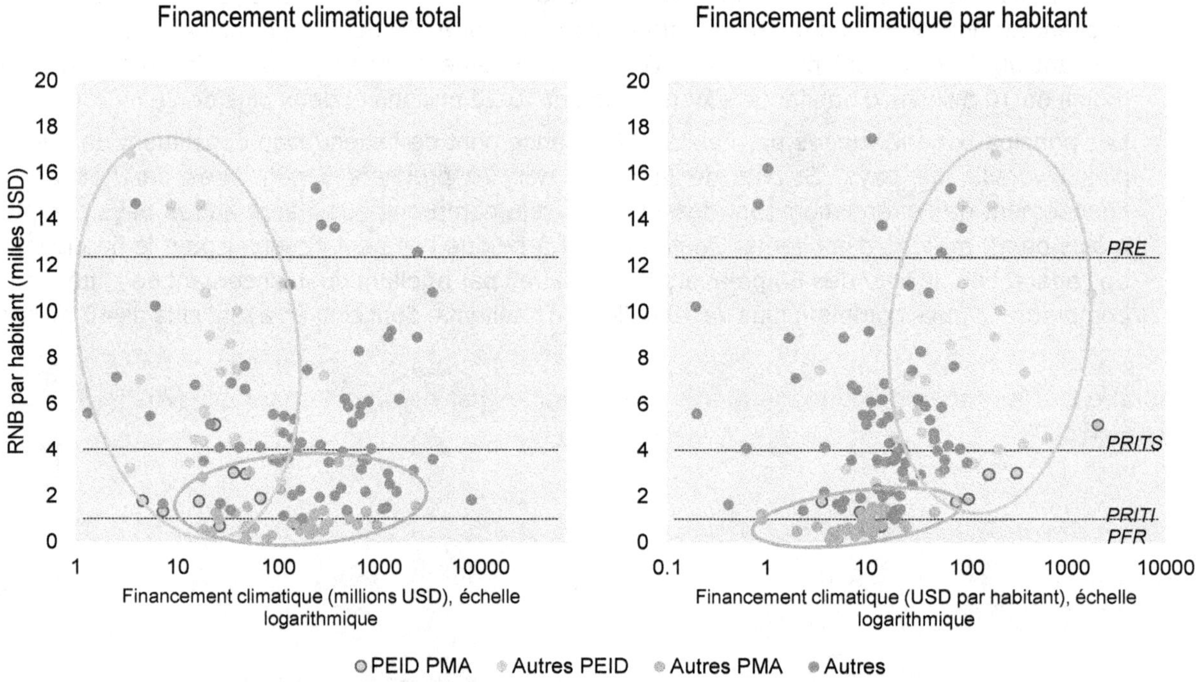
Financement climatique total
Financement climatique par habitant
RNB par habitant (milles USD)
20
18
16
14
12
10
8
6
4
2
0
1
10
100
1000
10000
0.1
Financement climatique (millions USD), échelle logarithmique
Financement climatique (USD par habitant), échelle logarithmique
PRE
PRITS
PRITI
PFR
PEID PMA
Autres PEID
Autres PMA
Autres

Note : Seul le financement climatique alloué aux pays en développement individuellement (79 % du total sur la période 2016-18) figure dans ce visuel.

Source : Chiffrage établi à partir des rapports biennaux présentés à la CCNUCC, des statistiques du Comité d'aide au développement de l'OCDE, des statistiques du Groupe des crédits à l'exportation de l'OCDE et des montants faisant l'objet d'une notification supplémentaire à l'OCDE. Données relatives au RNB par habitant : Banque mondiale.

Encadré 2.1. Financement climatique destiné aux PEID et aux PMA

De 2016 à 2018, le financement climatique fourni et mobilisé en faveur des PEID et des PMA a doublé pour atteindre 12 milliards USD et 2 milliards USD (Graphique 2.10) respectivement. Dans le contexte du total des financements climatiques fournis et mobilisés par les pays développés en 2016-18, les financements destinés aux PEID et ceux destinés aux PMA représentent 14 % et 2 %, respectivement. Ces chiffres ne peuvent être additionnés, car ces deux groupes se chevauchent.

Graphique 2.11. Financement destiné aux PEID et aux PMA (2016-18, milliards USD)

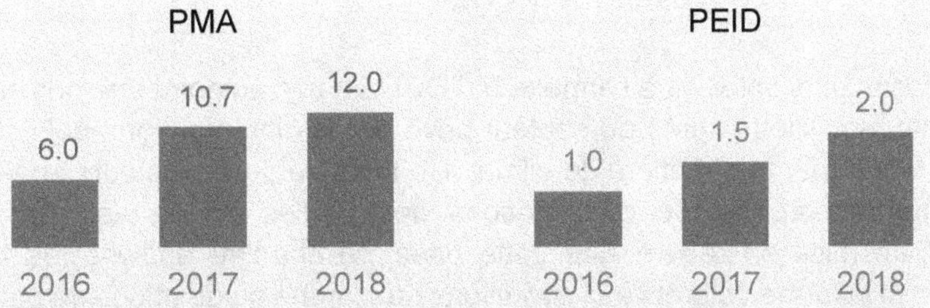
PMA
PEID
6.0
10.7
12.0
1.0
1.5
2.0
2016
2017
2018
2016
2017
2018

Source : Chiffrage établi à partir des rapports biennaux présentés à la CCNUCC, des statistiques du Comité d'aide au développement de l'OCDE, des statistiques du Groupe des crédits à l'exportation de l'OCDE et des montants faisant l'objet d'une notification supplémentaire à l'OCDE. Pour les PEID : (UN-OHRLLS, 2020[15]), pour les PMA : (UN-OHRLLS, 2020[16]).

Le financement climatique destiné aux PMA et celui destiné aux PEID mettent l'accent sur l'objectif d'adaptation (41 % et 39 % respectivement). La part des dons dans les financements climatiques publics pour chacun des deux groupes (49 % pour les PEID et 33 % pour les PMA) est supérieure à la tendance observée pour le financement climatique fourni et mobilisé pour l'ensemble des pays en développement (19 %).

Graphique 2.12. Financement destiné aux PEID et aux PMA, par objectif climatique et par instrument, (2016-18, %)

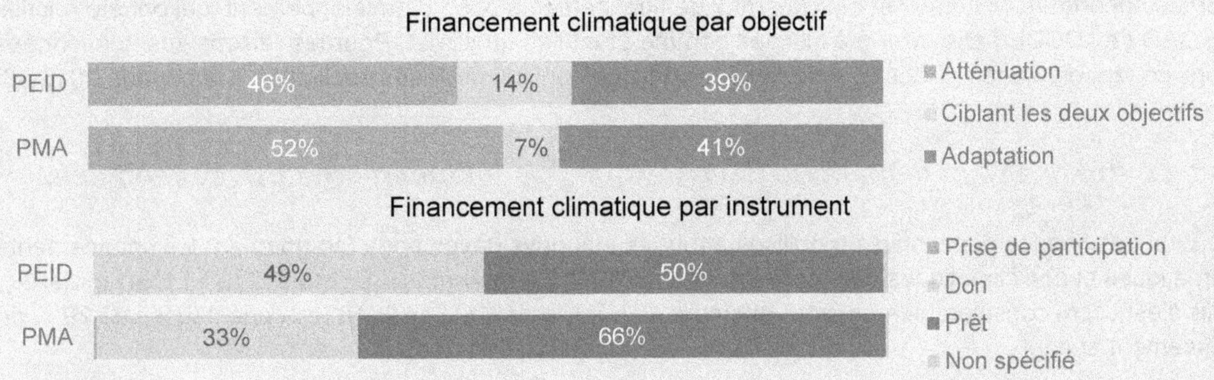
Financement climatique par objectif
PEID
46%
14%
39%
PMA
52%
7%
41%
Atténuation
Ciblant les deux objectifs
Adaptation
Financement climatique par instrument
PEID
49%
50%
PMA
33%
66%
Prise de participation
Don
Prêt
Non spécifié

Source : Chiffrage établi à partir des rapports biennaux présentés à la CCNUCC, des statistiques du Comité d'aide au développement de l'OCDE, des statistiques du Groupe des crédits à l'exportation de l'OCDE et des montants faisant l'objet d'une notification supplémentaire à l'OCDE. Pour les PEID : (UN-OHRLLS, 2020[15]), pour les PMA : (UN-OHRLLS, 2020[16]).

La part du secteur de l'énergie et du secteur du transport et de l'entreposage est légèrement inférieure dans les PMA et dans les PEID (45 % et 41 %) à celle observée pour l'ensemble des pays en développement (voir section 1.4), principalement au profit du secteur de l'eau et assainissement et du secteur des autres infrastructures sociales, qui représentent conjointement 13 % dans les PEID et 17 % dans les PMA. Le secteur de l'agriculture, de la sylviculture et de la pêche représente 17 % du financement climatique fourni et mobilisé par les pays développés pour les PMA et 11 % pour les PEID.

3 Financement climatique privé mobilisé

Comme exposé de façon plus détaillée à l'annexe B, l'OCDE a mis au point une norme internationale pour mesurer les montants mobilisés auprès du secteur privé par les interventions publiques de financement du développement, notamment en matière de climat. Ce travail a duré plusieurs années et nécessité des cycles successifs de recherches, de consultations des parties prenantes, d'enquêtes, d'avancées méthodologiques et de mise en œuvre. Sur cette base, ce chapitre analyse les financements privés (revêtant généralement la forme de prêts aux conditions du marché ou de prises de participation) mobilisés par les interventions publiques de financement bilatéral ou multilatéral, par exemple au moyen d'instruments d'atténuation des risques. La mesure de la mobilisation du financement privé n'intègre pas les financements privés investis en l'absence d'intervention publique de financement, par exemple les investissements privés qui ont pu être drainés par l'effet catalyseur des normes nationales et des politiques budgétaires ou par le renforcement des capacités en amont, ni les financements fournis par des organisations philanthropiques privées (voir Encadré 3.1).

Ce chapitre analyse les financements climatiques privés mobilisés par les pays développés, par mécanisme, objectif climatique, secteur, région et groupe de revenu des pays bénéficiaires. Il livre aussi des enseignements sur les financements climatiques privés par comparaison avec les financements privés mobilisés pour des activités non climatiques. Ce dernier correspond aux financements privés mobilisés par les apporteurs bilatéraux et multilatéraux de financements pour le développement, qui ont été notifiés au CAD de l'OCDE sans avoir été classés comme étant liés au climat. Pour les raisons susmentionnées dans ce rapport, l'analyse des financements climatiques privés mobilisés est limitée à la période 2016-18.

3.1. Le financement climatique dans le total des financements privés mobilisés

Le total des financements privés mobilisés attribués aux pays développés (comprenant les financements climatiques et non climatiques) est resté stable en 2016 (32.4 milliards USD) et 2017 (33.1 USD milliards), puis s'est accru considérablement pour atteindre 42.6 milliards USD en 2018 (soit une hausse de 29 % en glissement annuel).

Graphique 3.1. Financements privés mobilisés en faveur d'activités climatiques et d'activités non climatiques, attribués aux pays développés (2016-18, milliards USD)

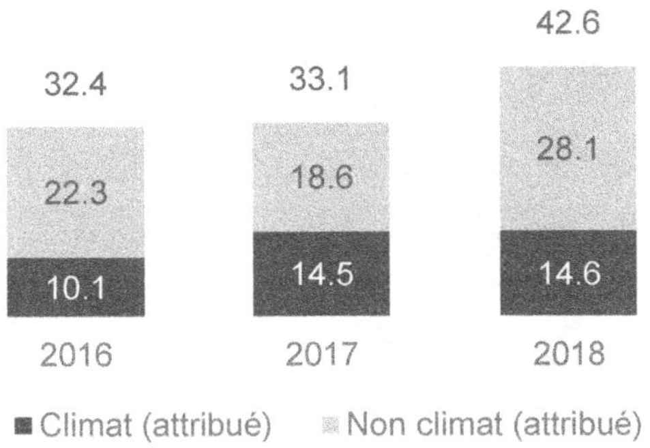
32.4
22.3
10.1
2016
33.1
18.6
14.5
2017
42.6
28.1
14.6
2018
Climat (attribué)
Non climat (attribué)

Note : Pour un nombre limité d'apporteurs, les données communiquées à l'OCDE ne comprennent pas les financements privés non climatiques mobilisés. Par conséquent, le total des financements privés mobilisés par les pays développés, et sa composante « financements privés non climatiques mobilisés », pourraient être en partie sous-évalués.
Source : Chiffrage établi à partir des statistiques du Comité d'aide au développement de l'OCDE et des montants faisant l'objet d'une notification supplémentaire à l'OCDE.

Sous-composante de ce total, les financements climatiques privés mobilisés ont évolué différemment : après avoir augmenté de 10.1 milliards USD en 2016 à 14.5 milliards USD en 2017 (soit +43 % en glissement annuel), il sont demeurés stables en 2018 (14.6 milliards USD).

3.2. Par mécanisme de mobilisation de financements privés

Les données au niveau des activités, collectées par l'OCDE, sur les montants mobilisés auprès du secteur privé permettent de faire la distinction entre les différents mécanismes financiers utilisés par les apporteurs de financement public pour le développement pour mobiliser des financements privés. La méthodologie de l'OCDE pour mesurer le financement privé mobilisé suit une approche par mécanisme. Ainsi, elle fait la distinction entre les garanties, les prêts syndiqués, les parts dans des organismes de placement collectif (OPC), les investissements directs dans des entreprises ou des entités à vocation spéciale (EVS), les lignes de crédit et les dispositifs de cofinancement simple (voir annexe B, ainsi que (OECD DAC, 2020[6]) et (OECD, 2019[1]) pour des précisions). Pour des raisons de confidentialité, ces données ne contiennent pas d'information sur l'instrument financier employé par le secteur privé ni sur les conditions financières de l'investissement privé.

Sur la période 2016-18, la majorité des financements climatiques privés ont été mobilisés par le biais d'investissements directs dans des entreprises ou dans des EVS (43 %), de garanties (23 %) et de prêts syndiqués (14 %). La part des financements climatiques privés mobilisés par le biais des garanties et des prêts syndiqués a plus que doublé de 2016 à 2018 (passant respectivement de 15 % à 31 % et de 7 % à 19 %). Inversement, la part des financements climatiques privés mobilisés par le biais des investissements directs dans des entreprises ou des EVS est tombée de 54 % en 2016 à 33 % en 2018. En outre, la part des financements climatiques privés mobilisés à travers les parts dans des OPC et les dispositifs de cofinancement simple est restée relativement modeste sur les trois années considérées (4 % et 6 % respectivement). Les lignes de crédit, qui représentaient 13 % en 2016 et en 2017, ont fortement baissé en 2018 pour ne représenter plus que 6 %.

Graphique 3.2. Financement climatique privé mobilisé, par mécanisme et par an (2016-18, %)

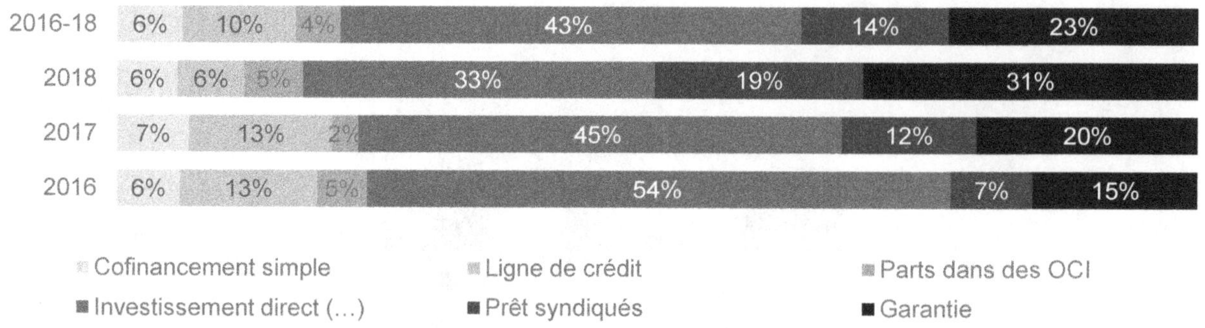
2016-18
6%
10%
4%
43%
14%
23%
2018
6%
6%
5%
33%
19%
31%
2017
7%
13%
2%
45%
12%
20%
2016
6%
13%
5%
54%
7%
15%
Cofinancement simple
Ligne de crédit
Parts dans des OCI
Investissement direct (...)
Prêt syndiqués
Garantie

Source : Chiffrage établi à partir des statistiques du Comité d'aide au développement de l'OCDE et des montants faisant l'objet d'une notification supplémentaire à l'OCDE.

Le Graphique 3.3 montre, pour chaque mécanisme de mobilisation, les parts respectives des financements climatiques privés mobilisés et des financements non climatiques privés mobilisés. Plus de la moitié (54 %) du total des financements privés mobilisés par les pays développés en 2016-18 à travers des investissements directs dans des entreprises ou des EVS était destinée à des activités climatiques. La part du climat dans le total des financements privés drainés par les mécanismes de mobilisation s'élève à 41 % pour les dispositifs de cofinancement simple et à 37 % pour les prêts syndiqués. Le niveau relativement élevé de ces parts peut s'expliquer par le fait que les prêts syndiqués et les investissements directs dans des entreprises ou des EVS sont fréquemment utilisés dans le cadre des grands projets d'infrastructure qui ont souvent des objectifs climatiques. À l'opposé, la part des financements climatiques privés mobilisés par les pays développés dans le total des financements privés mobilisés par le biais des lignes de crédit, des garanties et des parts dans des OPC est nettement moindre (27 %, 26 % et 20 % respectivement).

Graphique 3.3. Financements privés mobilisés en faveur d'activités climatiques et d'activités non liées au climat, par mécanisme (2016-18, %)

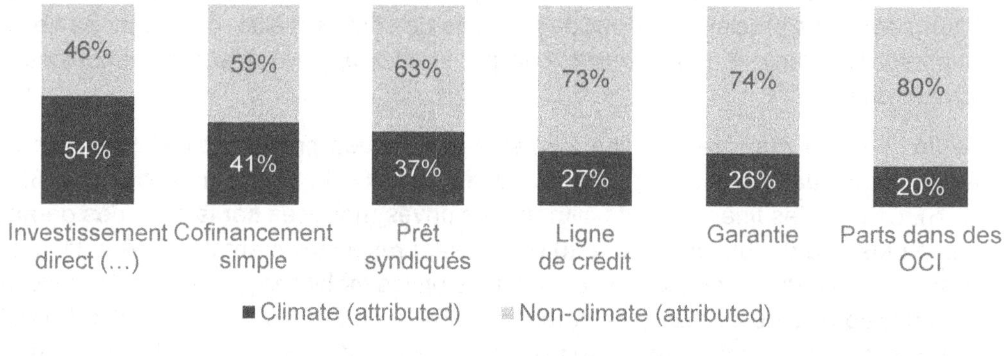
46%
54%
59%
41%
63%
37%
73%
27%
74%
26%
80%
20%
Investissement direct (...)
Cofinancement simple
Prêt syndiqués
Ligne de crédit
Garantie
Parts dans des OCI
Climate (attributed)
Non-climate (attributed)

Note : Pour un nombre limité d'apporteurs, les données communiquées à l'OCDE ne comprennent pas les financements privés non climatiques mobilisés. Par conséquent, le total des financements privés mobilisés par les pays développés, et sa composante « financements privés non climatiques mobilisés », pourraient être en partie sous-évalués.
Source : Chiffrage établi à partir des statistiques du Comité d'aide au développement de l'OCDE et des montants faisant l'objet d'une notification supplémentaire à l'OCDE.

La part relativement faible du climat dans le total des financements privés mobilisés par le biais des lignes de crédit, des garanties et des parts dans des OPC peut tenir en partie aux difficultés que pose le suivi de la dimension climatique. Ces instruments ciblent souvent les petites et moyennes entreprises via des intermédiaires financiers (garanties de portefeuille et lignes de crédit) ou des dispositifs de mise en commun de fonds et autres instruments de placement collectif. Il peut être difficile de déterminer si les investissements en aval sont effectués dans un objectif climatique ou en lien avec le climat en raison du caractère restreint des données disponibles au moment de l'intervention publique de financement relatives à l'utilisation exacte des fonds en aval (voir aussi l'analyse sectorielle à la section 1.3).

Par contre, les informations sur l'objectif climatique des activités sans intermédiaire, comme l'investissement direct dans des entreprises et des EVS, la garantie des investissements, les prêts syndiqués pour des projets d'infrastructure, ou les dispositifs de cofinancement simple, sont généralement disponibles au stade de l'engagement de l'intervention publique de financement.

3.3. Par objectif climatique

Plus de 93 % des financements climatiques privés mobilisés par les pays développés sur la période 2016-18 sont allés à l'objectif d'atténuation (Graphique 3.4). À l'opposé, l'objectif d'adaptation et les activités visant les deux objectifs ont représenté chacun de 3 % à 4 %. Les parts respectives du financement des activités d'atténuation, d'adaptation et de celles visant les deux objectifs sont presque identiques pour chacune des trois années.

Graphique 3.4. Financement climatique privé mobilisé, par objectif climatique et par an (2016-18, %)

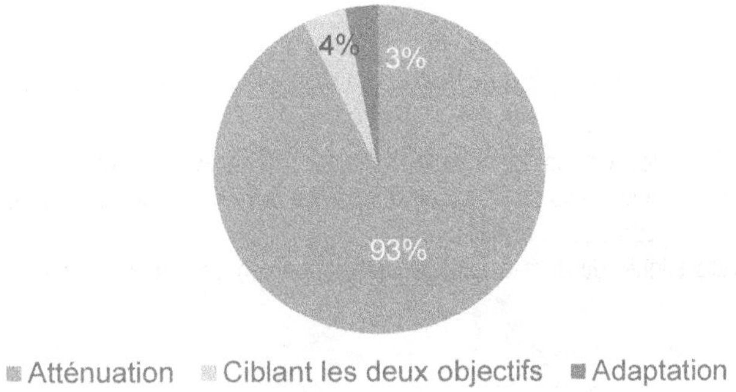
4%
3%
93%
Atténuation
Ciblant les deux objectifs
Adaptation

Source : Chiffrage établi à partir des statistiques du Comité d'aide au développement de l'OCDE et des montants faisant l'objet d'une notification supplémentaire à l'OCDE.

Comme indiqué dans Encadré 1.1, les méthodologies utilisées pour le suivi du financement des activités d'adaptation diffèrent de celles employées pour le suivi du financement des activités d'atténuation. S'agissant en particulier du financement privé mobilisé, on peut encore sans doute améliorer le signalement des activités ciblant l'adaptation, par exemple dans les cas où la question de la résilience climatique est prise en considération systématiquement dans les décisions d'investissement et d'affaires.

3.4. Par secteur

Les financements climatiques privés mobilisés par les pays développés au cours de la période 2016-18 était destiné principalement au secteur de l'énergie (7.8 milliards USD [60 %] par an en moyenne).

Seulement 1 milliard USD (6 %) des financements climatiques privés ont été mobilisés dans les secteurs de l'industrie, des mines et de la construction, suivis des secteurs de l'activité bancaire et des services aux entreprises (0.9 milliard USD ; 7 %), de l'agriculture, de la sylviculture et de la pêche, et du transport et de l'entreposage (0.4 milliard USD ; 3 % chacun). Par contre, le secteur de l'activité bancaire et des services aux entreprises a été le principal bénéficiaire des financements privés non climatiques mobilisés, avec en moyenne annuelle 9.9 milliards USD (42 % des financements privés non climatiques mobilisés par les pays en développement). Ces chiffres confirment le constat dressé à la Section 3.2, selon lequel une large part des financements non climatiques mobilisés l'est via des intermédiaires financiers, ce qui rend parfois plus difficile l'attribution des financements privés mobilisés à un secteur spécifique ou l'évaluation de son éventuelle dimension climatique.

Graphique 3.5. Financements privés mobilisés, par secteur et par an (2016-18, moyenne, milliards USD)

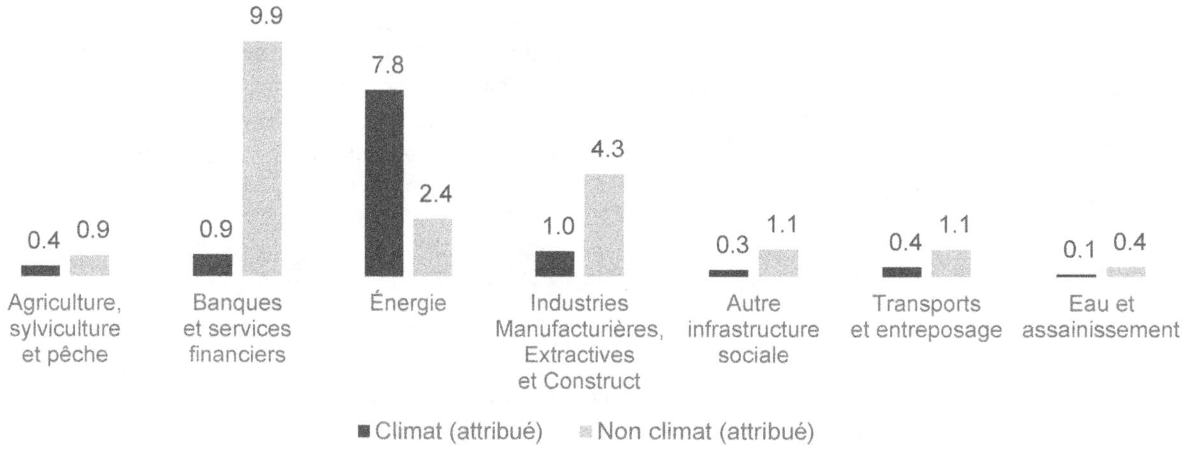
0.4
0.9
0.9
9.9
7.8
2.4
1.0
4.3
0.3
1.1
0.4
1.1
0.1
0.4
Agriculture, sylviculture et pêche
Banques et services financiers
Énergie
Industries Manufacturières, Extractives et Construct
Autre infrastructure sociale
Transports et entreposage
Eau et assainissement
Climat (attribué)
Non climat (attribué)

Note : Pour un nombre limité d'apporteurs, les données communiquées à l'OCDE ne comprennent pas les financements privés non climatiques mobilisés. Par conséquent, le total des financements privés mobilisés par les pays développés, et sa composante « financements privés non climatiques mobilisés », pourraient être en partie sous-évalués.
Source : Chiffrage établi à partir des statistiques du Comité d'aide au développement de l'OCDE et des montants faisant l'objet d'une notification supplémentaire à l'OCDE.

3.5. Par région

Au cours de la période 2016-18, comme le Graphique 3.6 le montre, les pays développés ont mobilisé des financements climatiques privés essentiellement pour des projets en Asie et aux Amériques (44 % et 25 % respectivement). L'Afrique a représenté 17 % et l'Europe 4 %. Les financements climatiques privés mobilisés en faveur de l'Océanie ont représenté 0.01 % du total des financements climatiques mobilisés par les pays développés (Graphique 3.6). Pour les 9 % restant, la région destinataire n'était pas spécifiée. Concernant le financement privé non climatique mobilisé durant les années 2016-18, l'Asie a aussi été la principale région bénéficiaire, bien que dans une moindre mesure que pour les financements privés climatiques mobilisés (32 % du total des financements privés non climatiques mobilisés).

Graphique 3.6. Financements climatiques privés mobilisés, par région et par an (2016-18, %)

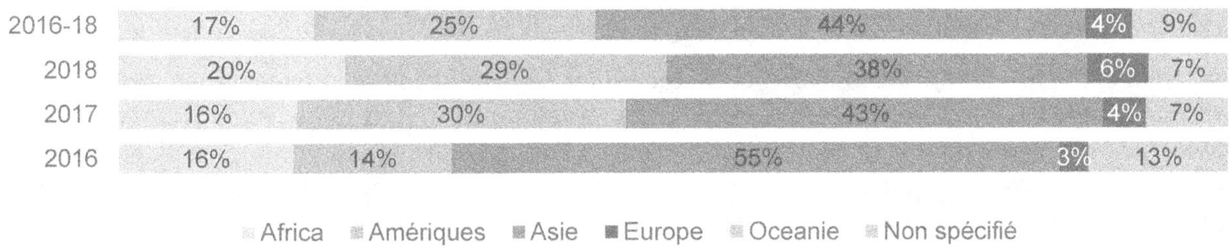
2016-18
2018
2017
2016
17%
25%
44%
4%
9%
20%
29%
38%
6%
7%
16%
30%
43%
4%
7%
16%
14%
55%
3%
13%
Africa
Amériques
Asie
Europe
Oceanie
Non spécifié

Note : Les régions ne comprennent que les pays en développement tels que définis dans l'annexe C.
Source : Chiffrage établi à partir des statistiques du Comité d'aide au développement de l'OCDE et des montants faisant l'objet d'une notification supplémentaire à l'OCDE.

3.6. Par groupe de revenu

Sur la période 2016-18, 90 % des financements climatiques privés mobilisés par les pays développés et ventilables par pays (*i.e.* hors activités régionales) sont allés aux PRI, principalement aux PRITS (56 %) (Graphique 3.7). Les PRE ont reçu 7 % des financements climatiques privés mobilisés par an en moyenne et les PFR seulement 3 %. En outre, seulement 5 % du total des financements climatiques privés mobilisés par les pays développés au cours de la période 2016-18 étaient destinés aux PMA et 1 % aux PEID (Graphique 3.7). Ces tendances sont très similaires à celles observées pour le financement privé mobilisé notifié comme non climatique.

Graphique 3.7. Financements climatiques privés mobilisés, par groupe de revenu et par an (2016-18, %)

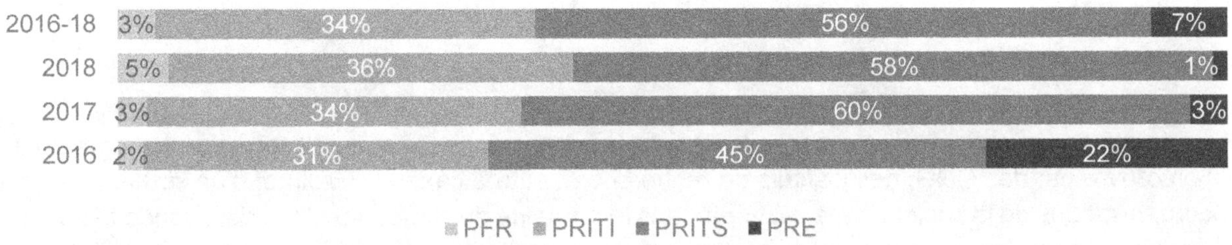
2016-18
2018
2017
2016
3%
34%
56%
7%
5%
36%
58%
1%
3%
34%
60%
3%
2%
31%
45%
22%
PFR
PRITI
PRITS
PRE

Note : Seul les financements climatiques ventilables par pays (79 % du total sur la période 2016-18) sont inclus dans ce graphique.
Source : Chiffrage établi à partir des statistiques du Comité d'aide au développement de l'OCDE et des montants faisant l'objet d'une notification supplémentaire à l'OCDE.

Encadré 3.1. Les financements philanthropiques privés pour l'action climatique dans les pays en développement

Les fondations philanthropiques privées constituent une nouvelle source de financement pour l'action climatique dans les pays en développement. Comme les fonds de ces organisations sont d'origine privée (par exemple, dons versés par des individus très fortunés et des entreprises, produit des investissements, royalties ou souscriptions à des loteries), les financements climatiques qu'elles apportent ne sont pas comptabilisés dans le volume du financement climatique public présenté dans ce rapport. Étant donné que les activités de financement de ces fondations ne sont généralement pas liées aux interventions publiques de financement climatique, il est en outre peu probable qu'elles soient prises en compte dans le cadre de la composante « financement privé mobilisé ».

Les informations présentées ici apportent des éclairages sur la destination des financements liés au climat accordés par les fondations philanthropiques ayant leur siège dans un pays développé, sur la base des nouvelles statistiques du CAD de l'OCDE sur la philanthropie privée pour le développement. En 2018, 33 des plus grandes fondations actives dans les pays en développement ont fourni 0.6 milliard USD de financements liés au climat (8 % des engagements des fondations au titre du développement, qui totalisent 6.9 milliards USD) (OECD, 2020[17]). Les données, disponibles depuis 2017 et collectées selon la méthodologie des marqueurs Rio (OECD, 2016[18]), montrent qu'en 2017-18 les fondations donnaient la priorité à l'atténuation (53 %) sur l'adaptation (13 %), et que la part des activités ciblant les deux objectifs atteignait 34 %.

Graphique 3.8. Financements philanthropiques privés, par objectif climatique (2017-18, %)

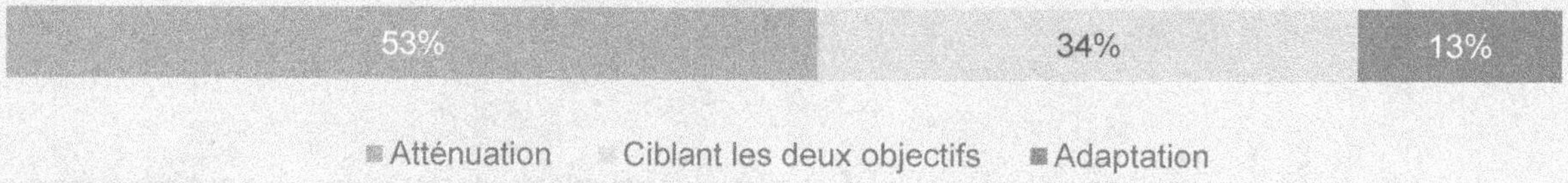
53%
34%
13%
Atténuation
Ciblant les deux objectifs
Adaptation

Source : Statistiques du Comité d'aide au développement de l'OCDE.

Ces apports financiers revêtent essentiellement la forme de dons à l'appui de projets et programmes mis en œuvre par des ONG, des instituts de recherche et autres canaux (46 %) et d'un soutien général aux organisations de la société civile œuvrant dans le domaine du climat (46 %). L'assistance technique et le renforcement des capacités ont représenté approximativement 2 % de la moyenne annuelle, et les investissements liés aux programmes moins de 1 %. Concernant les secteurs, le soutien apporté par les fondations à l'action climatique est destiné principalement aux secteurs des énergies renouvelables et de l'agriculture durable ainsi qu'à celui de la protection générale de l'environnement, qui inclut la gouvernance climatique.

Notes[1]

[1] Si les régions définies regroupent souvent des pays et territoires qui présentent des similitudes, elles diffèrent néanmoins sensiblement en termes de taille, de population, de revenu, de RNB et autres catégories statistiques. Par conséquent, ces régions ne doivent être considérées que comme un outil facilitant l'analyse géographique. Voir l'annexe C pour de plus amples informations.

Annexe A. Cadre méthodologique

Le cadre comptable utilisé ici concorde avec celui employé précédemment. Mis au point en 2015 pour estimer le financement climatique fourni et mobilisé par les pays développés à l'intention des pays en développement durant la période 2013-14 (OECD, 2015[1]). Il a ensuite servi à l'établissement du rapport 2019, dans lequel la période étudiée a été étendue à 2017 (OCDE, 2019[1]). Par ailleurs, il respecte les décisions prises à la 24e Conférence des parties à la CCNUCC eu égard aux modalités de comptabilisation des ressources financières fournies et mobilisées dans le cadre d'interventions publiques (UNFCCC, 2019[2]) . Pour une description complète, voir (OECD, 2019[3]).

Ce cadre repose sur les concepts de « pays développés » et de « pays en développement ». Aux fins du présent rapport et des précédents, « pays en développement » désigne les pays visés à l'annexe I de la CCNUCC et/ou bénéficiaires de l'APD tels que recensés par le CAD (OECD, 2015[1]; OECD, 2019[4]). On trouvera une définition détaillée de ces deux groupes ainsi que la liste des pays et territoires qui en relèvent dans l'annexe 3 du présent rapport.

Le volume total des financements climatiques fournis et mobilisés par les pays développés au titre de la lutte contre le changement climatique dans les pays en développement repose sur quatre éléments distincts (Graphique A A.1) :

- Les financements climatiques publics bilatéraux, qui correspond aux engagements financiers publics (autres que les crédits à l'exportation) contractés par les pays développés à l'égard des pays en développement en matière de climat. Ces engagements sont pris soit directement, soit par le truchement d'intermédiaires (ONG et société civile, réseaux, partenariats, universités et établissements de recherche, institutions privées sans but lucratif et autres voies bilatérales) (flux A.1), soit encore moyennant l'affectation spéciale de crédits (extrabudgétaires) par des canaux multilatéraux (flux A.2). Les données proviennent des rapports biennaux établis par les pays développés à l'attention de la CCNUCC.
- Les financements climatiques publics multilatéraux fournis par les pays développés aux pays en développement. Il s'agit des sorties de financements climatiques effectuées par les banques multilatérales de développement et les fonds multilatéraux pour le climat (flux B.2) au profit des pays en développement, ainsi que des contributions à finalité climatique versées par les pays développés aux instances multilatérales pour lesquelles on ne dispose pas de données sur les dépenses climatiques (flux B.1). Les sorties de financements climatiques effectuées par les banques multilatérales sont chiffrées à partir des dépenses multilatérales répertoriées au niveau des activités dans les statistiques du CAD de l'OCDE sur le financement du développement. Les contributions à finalité climatique versées par les pays développés aux instances multilatérales sont chiffrées à partir des rapports biennaux remis à la CCNUCC par les pays développés.
- Les crédits à l'exportation liés au climat et bénéficiant d'un soutien public, c'est-à-dire l'aide financière liée aux échanges que les organismes de crédit à l'exportation des pays développés apportent aux projets à vocation climatique dans les pays en développement (flux C). Ces données découlent essentiellement des opérations de crédit à l'exportation enregistrées par activité dans la base de données du Groupe de l'OCDE sur les crédits à l'exportation.
- Les financements privés mobilisés auprès de sources privées au titre de l'action pour le climat et attribuables aux pays développés regroupent les financements mobilisés auprès de sources privées dans le cadre d'interventions publiques bilatérales et multilatérales afin de financer des activités climatiques dans les pays en développement (flux D). Ces données proviennent essentiellement des statistiques sur le financement du développement que le CAD de l'OCDE recueille au niveau des activités.

Les bases de données du CAD et du GCE (OCDE) sont dynamiques, ce qui signifie qu'elles évoluent au gré des modifications et actualisations des données, tel que requis et demandé par ceux qui les fournissent. En conséquence, les données qui servent de fondement aux chiffres du présent rapport peuvent avoir été révisées depuis leur première publication. Cependant, le présent rapport ne modifie pas les montants précédemment calculés pour la période 2013-17 et ne considère pas de telles révisions.

Graphique A A.1. Illustration simplifiée de l'architecture du développement international et du financement climatique

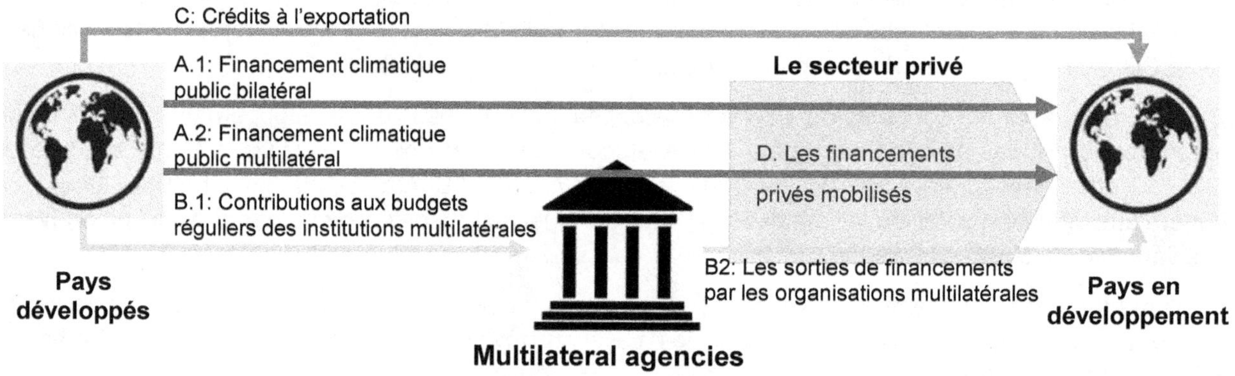
C: Crédits à l'exportation
A.1: Financement climatique public bilatéral
Le secteur privé
A.2: Financement climatique public multilatéral
D. Les financements privés mobilisés
B.1: Contributions aux budgets réguliers des institutions multilatérales
B2: Les sorties de financements par les organisations multilatérales
Pays développés
Pays en développement
Multilateral agencies

Note : Les dépenses du budget de base des organisations multilatérales et les financements qu'elles mobilisent auprès de sources privées sont uniquement corrigés de la part attribuable aux pays développés.

Annexe B. Source des données et considérations méthodologiques

La présente annexe décrit les sources des données utilisées sur le financement climatique ainsi que les principaux problèmes méthodologiques rencontrés au cours du processus de collecte, d'organisation et d'analyse desdites données. L'examen des questions méthodologiques soulevées par chacune des quatre composantes indiquées dans le Tableau A B.1 ci-dessous est suivi de quelques considérations transversales.

Tableau A B.1. Synthèse des catégories de financement étudiées et des sources des données

Catégorie	Couverture	Instruments	Source des données
Financements publics bilatéraux	Engagements financiers climatiques effectuées par les institutions et organismes chargés du financement bilatéral du développement dans les pays donneurs	Dons, prêts, prises de participation (garanties pour le développement dans le cas des États-Unis uniquement)	Rapports biennaux à la CCNUCC et données faisant l'objet d'une notification supplémentaire
Financements publics multilatéraux (attribués aux pays développés)	Engagements financiers climatiques effectuées par les banques multilatérales de développement et les fonds multilatéraux pour le climat et attribuables aux pays développés	Dons, prêts, prises de participation	Statistiques du Comité d'aide au développement de l'OCDE (dépenses totales des organisations multilatérales) ; rapports annuels des institutions (pour calculer la part d'attribution)
Crédits à l'exportation	Crédits à l'exportation liés au climat accordés par les organismes publics de crédit à l'exportation des pays développés, le plus souvent en faveur des énergies renouvelables.	Prêts à l'exportation, garanties et assurances.	Statistiques du Groupe de l'OCDE sur les crédits à l'exportation et données faisant l'objet d'une notification supplémentaire.
Financements privés mobilisés (attribués aux pays développés)	Financements privés mobilisés par les financements climatiques publics bilatéraux et multilatéraux.	Financements privés mobilisés par des dons, prêts, prises de participation et garanties pour le développement.	Statistiques du Comité d'aide au développement de l'OCDE et données faisant l'objet d'une notification supplémentaire.

Note : Les fournisseurs bilatéraux sont : l'Allemagne, l'Australie, l'Autriche, la Belgique, la Bulgarie, le Canada, Chypre, le Danemark, l'Espagne, l'Estonie, les États-Unis, la Finlande, la France, la Grèce, la Hongrie, l'Irlande, l'Islande, l'Italie, le Japon, la Lettonie, la Lituanie, le Luxembourg, Malte, Monaco, la Norvège, la Nouvelle-Zélande, les Pays-Bas, la Pologne, le Portugal, la République slovaque, la République tchèque, la Roumanie, le Royaume-Uni, la Slovénie, la Suède, la Suisse et l'Union européenne (Commission européenne et Fonds européen de développement). Les banques multilatérales de développement sont : la Banque africaine de développement (BAfD), le Fonds africain de développement (FAfD), la Banque asiatique de développement (BAsD), la Banque asiatique d'investissement dans les infrastructures, la Banque de développement du Conseil de l'Europe (CEB), la Société andine de développement (SAD), la Banque européenne pour la reconstruction et le développement (BERD), la Banque européenne d'investissement (BEI), IDB Invest, la Banque interaméricaine de développement (BID), la Banque internationale pour la reconstruction et le développement (BIRD), l'Association internationale de développement (AID), la Société financière internationale (SFI), l'Agence multilatérale de garantie des investissements (AMGI) et le Private Infrastructure Development Group (PIDG). Les fonds multilatéraux pour le climat sont : le Fonds pour l'adaptation, les Fonds d'investissement pour le climat (FIC), le Fonds vert pour le climat (FVC), le Fonds pour l'environnement mondial (FEM) et le Fonds nordique de développement (FND). Les autres organismes multilatéraux sont : le Groupe d'experts intergouvernemental sur l'évolution du climat, le Protocole de Montréal, les programmes, organismes spécialisés et fonds des Nations Unies, par exemple, le Fonds international de développement agricole (FIDA) et la Convention-cadre des Nations Unies sur les changements climatiques (CCNUCC). Les fournisseurs de crédits à l'exportation liés au climat sont : l'Allemagne, l'Autriche, la Belgique, le Canada, le Danemark, l'Espagne, les États-Unis, la Finlande, la France, l'Italie, le Japon, les Pays-Bas, la Pologne et la République tchèque. Les financements privés mobilisés correspondent aux financements mobilisés auprès de sources privées par les fournisseurs bilatéraux et multilatéraux susmentionnés.

Financements publics bilatéraux

La composante « financement climatique bilatéral » comprend les engagements financiers annuels pris (ou parfois les versements effectués) au titre de la période 2013-18 par les pays développés au profit des administrations, d'ONG et de la société civile de pays en développement ou encore d'instituts de recherche, du secteur privé, de réseaux et de partenariats public-privé dans les pays en développement. Toutes les formes de financement des crédits à l'exportation entrant déjà dans la composante « crédits à l'exportation », elles sont exclues du « financement climatique bilatéral » afin de ne pas être comptabilisées deux fois. Il en va de même de toutes les formes de financement lié au charbon. Sauf en ce qui concerne les États-Unis, les données relatives au financement climatique bilatéral n'incluent pas non plus les garanties pour le développement, qui, de par leur effet de mobilisation, sont comptabilisées séparément, dans la composante « financements privés mobilisés ».

Sources des données et couverture géographique

Les données de 2018 sur les financements climatiques bilatéraux proviennent en principe du tableau 7(b) des modèles de tableaux communs[1] que les parties à la CCNUCC visées à son annexe I ont joint à leur quatrième rapport biennal à la CCNUCC. Selon les directives de la CCNUCC pour l'établissement de ces rapports, seules les parties visées à l'annexe II[2] sont tenues de communiquer tous les deux ans des informations sur les niveaux annuels du soutien financier apporté moyennant un modèle de tableau commun (UNFCCC, 2012[5]). Dans le présent rapport, la composante « financement climatique bilatéral » désigne les flux financiers enregistrés au cours de la période 2013-18 tels que notifiés par les parties visées à l'annexe II[3]. Les quatrièmes rapports biennaux remis à la CCNUCC en 2020, conjointement avec les modèles de tableaux communs comportent des données sur les financements climatiques effectués au cours de la période 2017-18. À la date de septembre 2020, toutes les parties visées à l'annexe II, à l'exception des États-Unis et de l'Islande, ont remis à la CCNUCC un quatrième rapport biennal et les modèles de tableaux communs l'accompagnant. Les financements climatiques bilatéraux imputables aux États-Unis et à l'Islande pour 2018 ont donc été estimés par la moyenne de leurs contributions respectives de 2016/17. Les données indiquées pour la période 2013-17 reprennent les chiffres présentés dans le (OECD, 2019[3]) et le (OECD, 2015[1]) et n'ont pas été mises à jour ou révisées aux fins du présent rapport. En particulier, celles concernant 2014 et 2017 ont été obtenues des pays avant qu'ils ne les communiquent officiellement à la CCNUCC, dans le cadre des échanges bilatéraux entre l'OCDE et les parties donneuses. Les vérifications ultérieures n'ont cependant révélé que des variations marginales par rapport aux données finales communiquées à la CCNUCC.

Dans le tableau 7(b) des modèles de tableaux communs, les pays rendent compte du soutien financier public founri à travers les canaux bilatéraux, régionaux et autres. S'agissant des flux bilatéraux de financement climatique, ils doivent fournir des informations sur (i) le pays/la région/le projet/le programme bénéficiaire, (ii) le montant spécifiquement dédié au climat, (iii) le statut, (iv) la source de financement, (v) l'instrument financier, (vi) le type d'aide et (vii) le secteur. Tous les tableaux communs remis par les pays sont publiés sur le site web de la CCNUCC sous la forme de fichiers MS Excel (.xlsx). Les rapports biennaux et les encadrés qui accompagnent les modèles de tableaux communs permettent aux pays de donner un complément d'information sur les méthodologies et les définitions adoptées pour mesurer les flux financiers et notamment d'expliquer comment ils définissent les fonds spécifiquement dédiés au climat.

Considérations méthodologiques

Si les pays visés à l'annexe II sont tenus de communiquer les flux bilatéraux de financement climatique à la CCNUCC selon un format commun (à savoir, le tableau 7(b) des modèles de tableaux communs), un travail approfondi avec les données ainsi obtenues, comme celui réalisé pour les besoins du présent rapport, fait apparaître des incohérences non négligeables entre les méthodes, les typologies et les définitions adoptées par les pays. En effet, les directives de la CCNUCC pour l'établissement des rapports laissent une certaine marge de manœuvre en matière de notification des financements climatiques. La plupart des membres du CAD de l'OCDE fondent leur rapport destiné à la CCNUCC sur les données du financement du développement lié au climat. Pourtant, les données sur le financement climatique bilatéral qui sont communiquées à la CCNUCC ne sont ni aussi détaillées (elles couvrent moins de champs) ni aussi uniformisées que celles qui sont transmises au système statistique du CAD de l'OCDE.

On observe que les rapports sur les financement climatiques adressés à la CCNUCC diffèrent selon les pays dans trois grands domaines qui ont des retombées importantes sur le montant communiqué :

- **Conversion des monnaies** : les chiffres présentés dans ce rapport sont établis à partir des données communiquées en dollars américains par les pays, lorsqu'elles sont disponibles. Les taux de change retenus pour estimer les montants en dollars américains varient d'un pays à l'autre. La plupart utilisent le « taux de change moyen annuel applicable aux membres du CAD » pour communiquer leurs données sur le financement climatique. Pour ce qui est des autres pays, on n'observe qu'une faible variance des valeurs de la différence relative entre les montants communiqués en dollars américains et le résultat de la conversion au « taux de change moyen annuel par rapport au dollar applicable aux membres du CAD ». Lorsque les pays ont rendu compte de leur activité de financement climatique dans une autre monnaie (les flux bilatéraux peuvent être indiqués dans le tableau 7(b) en dollars américains et/ou dans la monnaie nationale), les montants communiqués ont été convertis en dollars américains selon le « taux de change moyen annuel applicable aux membres du CAD » (Graphique A B.1).
- **Engagements et versements** : les pays peuvent rendre compte à la CCNUCC des engagements financiers qu'ils ont pris ou des versements qu'ils ont effectués. La plupart choisissent l'une ou l'autre option. Quelques-uns cependant mêlent les deux, en fonction de l'instrument financier. Par conséquent, les chiffres du financement climatique bilatéral présentés dans ce rapport résultent d'un panachage d'engagements et de versements. L'échange de renseignements avec les pays et les demandes ponctuelles de clarifications supplémentaires ont permis d'éviter un double comptage dans le cas des pays qui communiquent les deux types de données. Globalement, les données de versements concernent presque exclusivement des dons.
- **Montants spécifiquement dédiés au climat :** dans le tableau 7(b) des modèles de tableaux communs, les pays doivent indiquer, pour chaque contribution, le montant dédié au climat, c'est-à-dire la partie de la contribution qui cible spécifiquement les changements climatiques. La méthode employée pour calculer la composante d'une contribution spécifiquement dédiée au climat varie selon les pays. La plupart appliquent un coefficient qui réduit la valeur totale des projets qui ne portent pas exclusivement sur le changement climatique. Quelques-uns ont entrepris d'évaluer spécialement chaque projet, tandis qu'un certain nombre utilisent une fourchette de coefficients fixes (par exemple, 30 %, 40 %, 100 %) qui s'appliquent par défaut selon que le changement climatique constitue l'objectif unique, principal ou secondaire du projet. Pour accroître la transparence sur les financements du développement liés au climat dont les membres du CAD de l'OCDE rendent compte à la CCNUCC, ce comité a réalisé une enquête volontaire en 2018 et 2020. Les résultats de l'enquête 2020 (à venir), qui s'appuient sur les réponses reçues de la part de 19 des 30 membres du CAD, montrent que, dans la plupart des cas, les pays appliquent des coefficients fixes à toute activité ayant, d'après les marqueurs de Rio, le changement climatique comme objectif principal ou significatif.

Harmonisation des données et contrôles-qualité

Les Méthodes de notification de l'information financière par les parties visées à l'annexe I de la CCNUCC (décision 9/CP.21) (UNFCCC, 2015[6]) et les notes accompagnant le tableau 7(b) des modèles de tableaux communs apportent des indications limitées aux pays sur la façon de le remplir. Chaque paramètre de notification figurant dans ce tableau est associé à une liste de catégories uniformisées (désignations) que les pays visés à l'annexe I peuvent utiliser pour rendre compte de différents aspects d'une contribution.

Cependant, les désignations et descriptions employées varient grandement d'un pays à l'autre, en particulier celles qui concernent les bénéficiaires et les secteurs. Aux fins du présent rapport, et pour permettre une agrégation et une analyse judicieuses, il a fallu harmoniser les données sur le financement climatique bilatéral que les pays visés à l'annexe I ont indiquées dans les modèles de tableaux communs correspondants et les reclasser dans un ensemble donné de catégories associées aux paramètres suivants :

- **Statut :** par la décision 9/CP.21, les catégories utilisées avec le paramètre de notification « statut » du soutien ont été harmonisées avec celles appliquées selon d'autres méthodes internationales existantes (UNFCCC, 2015[6]). En conséquence, depuis 2015, les pays doivent déclarer les contributions « engagées » ou « déboursées ». Aucune différence n'a été observée dans l'usage fait des désignations par les pays et aucun travail d'harmonisation supplémentaire n'a été nécessaire.
- **Source de financement :** les désignations proposées dans le tableau 7(b) sont : APD, AASP, Autre. On a observé des différences limitées dans l'utilisation de ces désignations entre les pays. Toute notification d'une combinaison d'APD et d'AASP ou d'une contribution dite « autre » a donné lieu à un échange de renseignements avec le pays donneur concerné afin d'obtenir des précisions sur la source.
- **Instrument financier :** les catégories d'instruments financiers proposées dans le tableau 7(b) sont : don, prêt à des conditions favorables, prêts aux conditions normales, participation au capital, et autre. Plusieurs pays ont utilisé des sous-variantes, par exemple, « prêt consortial », « bonification d'intérêt », etc. Les instruments financiers ont été reclassés selon qu'il convenait dans les catégories prêts, dons, participations au capital, crédits à l'exportation et garanties pour le développement[4]. Toute déclaration « autre » a donné lieu à un échange de renseignements avec le pays donneur concerné afin d'obtenir des précisions sur l'instrument financier.
- **Type de soutien :** les catégories de type de soutien proposées dans le tableau 7(b) sont : atténuation, adaptation, transversal. Aucune différence n'a été observée dans l'usage fait des désignations par les pays et aucun travail d'harmonisation supplémentaire n'a été nécessaire.
- **Secteurs :** les catégories de secteur proposées dans le tableau 7(b) sont : énergie, transports, industrie, agriculture, foresterie, eau et assainissement, transversal, autre. Pour faciliter la comparaison avec d'autres composantes du financement climatique étudiées dans ce rapport, les secteurs ont été reclassés au plus haut niveau de détail disponible conformément à la typologie normalisée des secteurs établie par le CAD. D'importantes différences ont été observées dans l'utilisation des catégories de secteur. Certains pays recourent uniquement aux codes-objet du CAD (par exemple, « 232 »), d'autres indiquent à la fois le code-objet du CAD et la catégorie sectorielle (par exemple, « 232 – Production d'énergie, sources renouvelables »), tandis que d'autres encore utilisent les désignations proposées dans le modèle de tableau commun (par exemple, « Énergie »). Rien que pour 2018, les pays ont utilisé 281 définitions sectorielles différentes, qui ont été par la suite reclassées en 83 secteurs du CAD.
- **Bénéficiaires :** le champ « programme/projet/région/pays bénéficiaire » figurant dans le modèle de tableau commun ne comporte aucune désignation normalisée à l'usage des pays. En raison de l'étendue de ce paramètre, d'importantes différences ont été observées entre les pays en termes de format, de niveau de précision et de formulation. Par ailleurs, les pays bénéficiaires n'ont pas toujours été désignés avec la même orthographe ou dans la même langue. Par exemple, au moins 19 orthographes différentes ont été relevées pour la République démocratique du Congo. Pour harmoniser les données relatives aux pays bénéficiaires, il a donc fallu, rien que pour 2018, réorganiser la quasi-totalité des données en combinant les recherches par mot clé et, le cas

échéant, en procédant à des modifications manuelles. Lorsque plusieurs pays d'une zone géographique donnée étaient indiqués pour une même contribution, ils ont été reclassés en régions ou en sous-régions. Pour un certain nombre de contributions, il n'a pas été possible d'harmoniser et de reclasser les secteurs et les bénéficiaires. Ceux-ci ont été signalés comme « non spécifié » dans la catégorie concernée. Il a fallu procéder de la sorte lorsque des données sur le niveau d'activité n'étaient pas disponibles. Par exemple, un certain nombre de contributions ont été signalées comme étant destinées à un ensemble de pays (spécifiés) appartenant à différentes zones géographiques et/ou différents secteurs. Faute d'informations sur la ventilation par pays, il n'a pas été possible d'évaluer la part de la contribution destinée à chaque bénéficiaire/secteur.

Pour garantir la qualité, la cohérence et la comparabilité des données, des échanges de renseignements ont eu lieu tout au long du processus entre l'OCDE et les différents pays donneurs, notamment pour mettre en évidence et exclure les financements liés au charbon ou les dons délégués du FVC afin d'éviter un double comptage avec la composante des sorties de fonds des organisations multilatérales. Ainsi, les chiffres du financement climatique mobilisé indiqués dans le tableau 7(b) d'un pays en ont été exclus pour qu'ils ne soient pas comptabilisés deux fois.

Enfin, un certain nombre de pays ont inclus des contributions spécialement affectées (c'est-à-dire multi-bilatérales) à des organismes des Nations Unies, des ONG et des OIG dans le tableau 7(b). Faute de lignes directrices de la CCNUCC établies d'un commun accord sur l'endroit où communiquer les contributions multi-bilatérales dans les modèles de tableaux communs, celles indiquées dans le tableau 7(b) ont été intégrées aux chiffres du financement climatique bilatéral et les bénéficiaires correspondants ont été rattachés à la mention « Mondial/non affecté ».

Possibilité de simplification et d'amélioration de l'analyse des données

Alors que l'uniformisation de la déclaration du statut et du type de financement, des instruments financiers et des sources de financement s'améliore considérablement au fil du temps dans les pays, plusieurs obstacles liés à la communication des bénéficiaires et des secteurs continuent d'entraver l'analyse des données. Pour améliorer la transparence des déclarations et faciliter l'analyse de données tout en limitant le risque d'erreurs, il serait utile que les pays communiquent les informations sur le financement climatique bilatéral dans un format facile à lire et à traiter pour un ordinateur (« lisible par machine »), afin que l'harmonisation des données nécessite le moins de manipulation manuelle possible. À cette fin, comme l'a analysé de façon plus approfondie le Groupe d'experts OCDE/AIE sur le changement climatique (Falduto and Ellis, 2019[7]), il conviendrait de veiller à ce que :

- les données soient, dans la mesure du possible, communiquées à l'aide des désignations uniformisées proposées dans les modèles de tableaux communs ;
- les pays et/ou les régions bénéficiaires soient indiqués dans un champ de données dédié, séparément du titre du projet et du programme. Étant donné que cette option déclarative n'est pas possible dans les modèles de tableaux communs actuels, l'ajout du nom d'un pays au début d'un champ de texte (par exemple, dans le champ « programme/projet/région/pays bénéficiaire ») faciliterait l'identification du bénéficiaire et son isolement à des fins d'analyse ;
- les données soient, dans la mesure du possible, communiquées au niveau des activités, ce qui suppose d'éviter de communiquer des contributions agrégées, par exemple, par organisme payeur.

Financements climatiques publics multilatéraux

La composante « financements publics multilatéraux » regroupe les engagements pris par les banques de développement multilatérales, les fonds multilatéraux pour le climat et d'autres organisations multilatérales, qui sont financés sur leurs ressources de base (parfois appelées « ressources ordinaires en capital ») et sont ensuite attribués aux pays développés. Sont exclues de la composante « publique multilatérale » les dépenses des fonds et programmes d'affectation spéciale qui sont administrés par des organisations multilatérales. Comme les apports de ressources à ces fonds et programmes relèvent du financement climatique bilatéral des pays fournisseurs, ils doivent apparaître dans le tableau 7(b) des modèles de tableaux communs remis à la CCNUCC. Selon qu'il convient, ces apports aux fonds et programmes à vocation spéciale sont rattachés à la composante « publique bilatérale » du financement. En l'état actuel des choses, il n'est pas possible de recueillir au niveau des projets des données complètes et uniformisées à l'échelle internationale sur les dépenses (notamment climatiques) des fonds d'affectation spéciale et entités analogues administrés par les organisations multilatérales. La situation devrait s'améliorer dans les années à venir, grâce à de nouvelles initiatives de la communauté statistique internationale, comme l'élaboration de l'indicateur Soutien public total au développement durable (TOSSD) (OECD TOSSD, 2020[8]). Les chiffres présentés ici incluent par ailleurs les contributions (apports) versées par les pays développés aux organisations multilatérales pour lesquelles on ne dispose pas, à l'heure actuelle, de données uniformisées sur les dépenses de financement climatique. Il s'agit, en particulier, des institutions spécialisées des Nations Unies, telles que le PNUD ou le PNUE.

La composante « publique multilatérale » du financement climatique regroupe l'ensemble des modalités et instruments financiers qui constituent des flux de financement de long terme : dons, prises de participation, financement mezzanine/hybride et instruments de dette dont la maturité est supérieure à un an. En sont exclues les opérations sur la dette à court terme (en particulier, les opérations de financement du commerce à court terme). Afin qu'ils ne soient pas comptabilisés deux fois, les garanties multilatérales et autres engagements conditionnels non provisionnés ne sont rattachés à la composante « financements privés » que s'ils se rapportent aux financements de cette nature.

Source des données et couverture géographique

Les données relatives aux engagements liés au budget de base des organisations multilatérales proviennent des données uniformisées sur le financement du développement que le CAD de l'OCDE recueille au niveau de l'activité. Le champ d'étude géographique des données sur les dépenses multilatérales se limite aux pays et territoires figurant dans la liste des bénéficiaires de l'APD établie par le CAD (OECD, 2020[9]). Comme illustré à l'annexe 3, cette liste correspond en grande partie, sans y être identique à celle des parties à la CCNUCC qui ne figurent pas à son annexe I. Cependant, la comparaison du champ d'étude du CAD de l'OCDE et des données disponibles sur d'autres plateformes, telles que l'Initiative internationale pour la transparence de l'aide (IITA), révèle que cette hétérogénéité géographique n'exclut de l'analyse qu'une infime partie du financement climatique. S'agissant en outre des organismes multilatéraux pour lesquels on ne dispose pas de données sur les dépenses au niveau des projets, l'analyse se fonde sur les apports déclarés par les parties visées à l'annexe I dans le tableau 7(a) de leurs rapports biennaux à la CCNUCC.

Les catégories statistiques des engagements multilatérales dont il est rendu compte dans les statistiques du CAD de l'OCDE ne concernent pas uniquement l'atténuation du changement climatique et l'adaptation. Les données uniformisées ainsi fournies peuvent notamment concerner les bénéficiaires, les secteurs, les instruments, ainsi que les voies et modalités d'exécution (par exemple, projets ou assistance technique). Elles ont été amplement exploitées dans les analyses détaillées nécessaires à l'élaboration du présent rapport. Cela étant, les seules informations disponibles au sujet des contributions au budget de base des organisations multilatérales, dont il est rendu compte dans le tableau 7(a) des modèles de tableaux communs, conformément aux lignes directrices relatives à l'établissement des rapports biennaux, portaient sur le climat.

Considérations méthodologiques

Les engagements multilatéraux sont déclarées au CAD de l'OCDE sur la base de champs de données statistiques et de définitions uniformisées. L'ensemble de données ainsi obtenu est plus cohérent que celui de la CCNUCC sur le financement climatique bilatéral, en particulier en ce qui concerne l'instant considéré (connaissance de tous les engagements), la conversion monétaire et les nomenclatures sectorielles. En revanche, pour ce qui concerne le suivi du financement climatique, les organisations multilatérales informent actuellement le système statistique du CAD de l'OCDE suivant l'une ou l'autre des deux méthodes suivantes :

- La méthode des marqueurs de Rio, qui vise à recenser les activités de nature à intégrer les objectifs de la CCNUCC dans la coopération pour le développement (OECD DAC, 2016[10]) t. À l'origine, seuls les membres du DAC l'employaient, mais la plupart des fonds multilatéraux pour le climat (par exemple, Fonds pour l'adaptation, FVC, FEM, Fonds nordique de développement) se sont inspirés des marqueurs de Rio dans leurs déclarations d'activité liées au climat concernant la période étudiée dans le présent rapport. L'idée est de prendre en considération la valeur nominale totale des activités ayant pour objectif principal (primaire) ou significatif (secondaire) l'atténuation du changement climatique et/ou l'adaptation, par opposition aux activités qui ne ciblent pas les objectifs de la CCNUCC et aux activités qui ne font pas l'objet d'un suivi.
- Les méthodes employées par les BMD pour suivre le financement de l'atténuation et de l'adaptation (MDBs, 2020[11]). Bien que par nature fondamentalement différentes, ces deux méthodes visent à chiffrer dans quelle mesure chaque activité favorise l'adaptation et/ou l'atténuation ou y contribue (composantes « multilatérales » du financement climatique), selon le cas : en mettant en évidence le coût différentiel des activités d'adaptation ; à partir d'une liste d'activités « bénéfiques » qui abaissent les émissions de gaz à effet de serre (GES) et sont compatibles avec un développement à faibles émissions.

Sur le plan méthodologique, les chiffres du financement climatique public multilatéral ont pour particularité de reposer uniquement sur la part des engagements climatiques multilatéraux attribuables aux pays développés. En règle générale, les institutions multilatérales sont financées par les contributions de base que versent des pays développés et en développement. Celles qui se fondent sur un modèle financier se servent de ces contributions pour lever des fonds sur les marchés de capitaux. D'où la nécessité de disposer d'une méthode particulière qui permette de calculer, pour chaque institution, la part de ses dépenses attribuables aux pays développés, le reste étant attribuable aux pays en développement. À cet effet, il est tenu compte de la nature concessionnelle ou non du financement multilatéral, des chiffres les plus récents et cumulés des contributions nationales à la reconstitution des ressources et, le cas échéant, de la capacité des organisations à lever des fonds sur les marchés de capitaux (TWG, 2015[12]). Les pourcentages ainsi obtenus figurent dans le Tableau A B.2. Ils sont également appliqués aux montants mobilisés auprès du secteur privé dans le cadre d'initiatives d'organismes multilatéraux[5].

Tableau A B.2. Part des financements climatiques multilatéraux attribuables aux pays développés

Type d'institution	Nom de l'institution	Abréviation	2015	2018
Banques multilatérales de développement	Banque africaine de développement	BAfD	59.0 %	58.2 %
	Fonds africain de développement	FAfD	94 %	93.6 %
	Banque Asiatique de développement	BAsD	71.0 %	71.4 %
	Fonds d'affectation spécial de la Banque asiatique de développement		96.0 %	95.2 %
	Banque asiatique d'investissement pour l'infrastructure		s.o.	27.3 %
	Banque de développement du Conseil de l'Europe	CEB	s.o.	98.4 %
	Société andine de développement	SAD	s.o.	5.1 %
	Banque européenne pour la reconstruction et le développement	BERD	89.0 %	88.8 %
	Banque européenne d'investissement	BEI	99.0 %	98.6 %
	Banque internationale pour la reconstruction et le développement	BIRD	70.0 %	67.9 %
	Association internationale de développement	IDA	95.0 %	92.8 %
	Banque interaméricaine de développement	BIAD	74.0 %	73.6 %
	Fonds d'affectation spécial de la Banque interaméricaine de développement		73.0 %	72.5 %
	IDB Invest		s.o.	33.6 %
	Société financière internationale	SFI	64.1 %	64.1 %
	Agence multilatérale de garantie des investissements	AMGI	64.3 %	64.2 %
	Private Infrastructure Development Group	PIDG	s.o.	100.0 %
Fonds multilatéraux pour le climat	Fonds pour l'adaptation		100.0 %	100.0 %
	Fonds d'investissement pour le climat	FIC	100.0 %	99.0 %
	Caisse du Fonds pour l'environnement mondial	FEM	98.0 %	98.0 %
	Fonds pour les pays les moins avancés du Fonds pour l'environnement mondial		100.0 %	99.9%
	Fonds spécial pour les changements climatiques du Fonds pour l'environnement mondial		100.0 %	99.5%
	Fonds vert pour le climat (FVC)	FVC	s.o.	99.6 %
	Fonds international pour le développement de l'agriculture (FIDA)	FIDA	s.o.	74.2 %
	Fonds nordique de développement (FND)	FND	100.0 %	100.0 %

Note : Les pourcentages de l'année 2015 sont appliqués aux données relatives aux sorties de financements climatiques multilatéraux de 2013, 2014 et 2015. Les pourcentages de l'année 2018 sont appliqués aux données de 2016, 2017 et 2018. La fusion du compte des ressources ordinaires en capital (ROC) de la BAsD et du compte des opérations de prêt du Fonds asiatique de développement a pris effet début 2017. Les apports de financements climatiques du FVC, d'IDB Invest (anciennement Société interaméricaine d'investissement, IIC) et de la Banque asiatique d'investissement dans les infrastructures ont pour la première fois été comptabilisés dans les statistiques du CAD de l'OCDE en 2015, 2016 et 2017, respectivement. Les apports de financements climatiques du FID, de la CEB et de la SAD ont pour la première fois été comptabilisés en 2018 (les chiffres des années précédentes incluaient les apports des pays développés au FIDA, mais pas à la CEB et à la SAD).
Source : calculs de l'OCDE, d'après les rapports annuels et sites web des institutions concernées ; voir également (OECD, 2019[4]) et (TWG, 2015[12]).

Possibilités de faciliter et d'améliorer l'analyse de données

En principe, les données que les organisations multilatérales communiquent au CAD de l'OCDE, y compris celles qui touchent le climat, sont recueillies et publiées au niveau des activités. Cependant, pour des questions de confidentialité, la SFI s'est trouvée dans l'incapacité de rendre pleinement compte de ses engagements climatiques de 2018. Il fallait donc trouver des solutions juridiques et techniques spécialement adaptées. Des renseignements concernant certains projets ont toutefois été transmis sous la forme d'agrégats, qui représentaient 15 % des engagements climatiques exécutés par la SFI en 2018. De même, les données d'IDB Invest sur ses engagements de dépenses et les composantes multilatérales du financement climatique sont anonymisées au niveau des activités. Au moment de la rédaction du présent rapport, les discussions avec la SFI et IDB Invest se poursuivaient en vue de lever une partie des obstacles à l'assurance-qualité des données de base.

De manière plus générale, l'ensemble de la communauté internationale gagnerait à ce que les données sur les financements climatiques fournis par les BMD soient plus transparentes. Si les BMD informent l'OCDE de leurs engagements selon les normes statistiques du CAD, depuis 2013 elles publient également leurs chiffres de financement climatique dans des rapports annuels conjoints dédiés à cette question (MDBs, 2020[11]). Pour la plupart des BMD, la base comptable employée à cet effet diffère de celle définie par le CAD de l'OCDE, par exemple en ce qui concerne l'instant considéré, la couverture géographique et le champ d'application des instruments. Les rapports conjoints des BMD visent à présenter leurs résultats aux actionnaires et non à fournir des statistiques internationales utiles aux travaux de la CCNUCC. C'est pourquoi, à l'heure actuelle, les BMD ne publient pas les ensembles de données au niveau de l'activité qui servent de fondement à leurs rapports conjoints, ce qui rend difficile de comparer ou même de rapprocher les données consignées dans la base de données du CAD de l'OCDE. Globalement, dans un souci d'harmonisation et de comparabilité, il est crucial de communiquer des données transparentes et détaillées à l'OCDE.

Crédits à l'exportation bénéficiant d'un soutien public

Les crédits à l'exportation bénéficiant d'un soutien public constituent la troisième composante étudiée dans le rapport. Bien qu'ayant pour but premier de soutenir les exportations nationales et de faciliter le commerce extérieur, ils peuvent également concourir à l'action pour le climat en favorisant l'exécution de transactions dans les secteurs concernés et la mise en œuvre de projets propices à l'atténuation du changement climatique ou à l'adaptation. Il existe deux sources de données sur les crédits à l'exportation liés au climat :

- La première, et de loin la plus importante, est la base de données du Groupe de l'OCDE sur les crédits à l'exportation (GCE), qui contient les données sur les opérations au niveau des activités dont font état les organismes de crédit à l'exportation. Les statistiques du GCE portent sur deux grands types d'opération : l'octroi direct de prêts et la garantie de prêts (ou d'assurances). Dans les deux cas, on s'intéresse à la valeur nominale et brute. Surtout, la base de données du GCE traite uniquement des crédits à l'exportation assortis d'un délai de remboursement de deux ans ou plus qui ont été octroyés conformément à l'Arrangement sur les crédits à l'exportation bénéficiant d'un soutien public (OECD, 2020[13]). Aux fins du présent rapport, seules les données sur les crédits à l'exportation déclarés comme explicitement destinés aux domaines des énergies renouvelables, de l'atténuation du changement climatique et de l'adaptation, et de l'eau ont été prises en considération. Dans la pratique, ces données ne concernent quasiment que des opérations liées aux énergies renouvelables.
- Certains pays soutiennent aussi les exportations autrement qu'au titre de l'Arrangement susmentionné, ce qui n'apparaît donc pas dans la base de données du GCE. Six ont fait état de telles données complémentaires : le Canada, l'Espagne, les États-Unis, l'Italie, le Japon et la Suisse. Ils les ont communiquées en une fois, soit directement à l'OCDE dans le cadre de l'établissement du présent rapport, soit en traitant des crédits à l'exportation dans leur rapport biennal sur le financement climatique destiné à la CCNUCC. Les données ainsi communiquées concernaient principalement les énergies renouvelables et, dans quelques cas seulement, le secteur de l'eau et de l'assainissement ainsi que celui des transports. Le cas échéant, il n'a pas été tenu compte des opérations de crédit à l'exportation en relation avec le charbon.

Pour qu'elles ne soient pas comptabilisées deux fois, toutes les données sur les crédits à l'exportation auxquelles les auteurs du rapport ont eu accès ont été soigneusement examinées, vérifiées par recoupement et ramenées à une base nette. Ainsi, les activités de crédit à l'exportation que les pays déclarent à la CCNUCC ont été rattachées non pas à la composante « bilatérale » du financement climatique mais aux crédits à l'exportation si elles ne figuraient pas déjà dans la base de données de l'OCDE sur les crédits à l'exportation. S'agissant des considérations méthodologiques d'ordre général, les données sur les crédits à l'exportations sont recueillies sur la base des engagements. En outre, les données tirées de la base de données du GCE sont converties en dollars américains à partir du taux de change mensuel moyen correspondant au mois où l'engagement a été pris.

Financements privés mobilisés dans le cadre d'interventions publiques de financement climatique

Source et périmètre des données

Conformément aux instructions des ministres, le CAD de l'OCDE a élaboré une norme internationale à appliquer pour établir le volume des fonds mobilisés auprès du secteur privé dans le cadre d'interventions publiques de financement du développement, notamment pour le climat. La tâche a été réalisée en collaboration avec le Réseau de recherche collaborative sur le suivi du financement climatique, piloté par l'OCDE, et en coopération étroite avec des experts d'institutions bilatérales et multilatérales de financement du développement, des organismes d'aide et des ministères, ainsi qu'avec des BMD et autres organisations multilatérales. Issue de nombreuses années et séries de travaux de recherche, de consultation, d'enquête, de perfectionnement et de déploiement, la méthode est jugée approfondie et, depuis 2017, est pleinement appliquée dans les exercices ordinaires de collecte de données SNPC. Le Groupe de travail sur les statistiques du financement du développement (GT-STAT) continuera d'y apporter les ajustements nécessaires (par exemple, pour rendre compte du rôle de l'assistance technique dans les programmes de mobilisation).

Le champ d'application de la méthode retenue par le CAD de l'OCDE pour mesurer les montants mobilisés auprès du secteur privé inclut les principaux mécanismes employés par les bailleurs de fonds en faveur du développement, sous la forme de prêts consortiaux, de garanties, de lignes de crédit, d'investissements directs dans des sociétés ou structures à vocation spéciale, de participations dans des organismes de placement collectif et d'accords de cofinancement simple. Pour éviter leur double comptabilisation au niveau international, lorsque plusieurs financeurs publics investissent dans un projet ou une structure aux côtés du secteur privé, les montants mobilisés auprès de ce dernier sont attribués suivant une approche par instrument qui consiste à tenir compte du rôle (par exemple, arrangeur de prêts consortiaux) et de la position (dans la hiérarchie des investisseurs) de chaque acteur public. De plus, par principe, les méthodes de mobilisation tiennent compte du rôle de chacun des acteurs publics impliqués, qu'il s'agisse d'organismes publics internationaux ou nationaux (par exemple, banques nationales de développement).

Conformément aux données qui ont servi de fondement aux chiffres des financements climatiques mobilisés auprès de sources privées que l'OCDE a publiés en 2016 et 2017, (OECD, 2019[3]), la quasi-totalité des membres du CAD et des organismes multilatéraux qui travaillent avec le secteur privé communiquent au CAD des données sur leurs mobilisations. Ces données concernent au premier chef (1) le mécanisme employé, (2) l'origine des fonds mobilisés et (3) les montants mobilisés auprès du secteur privé. Elles ne portent pas sur l'identité des financeurs privés mis à contribution ni sur les modalités et conditions du financement accordé. En principe, ces données font partie de celles que ces bailleurs de fonds communiquent chaque année suivant le cadre méthodologique plus général arrêté par le Groupe de travail du CAD sur les statistiques du financement du développement (GT-STAT).

Tableau A B.3. Mécanismes et instruments employés par le CAD de l'OCDE pour mesurer les financements privés mobilises

Mécanisme	Instruments financiers types utilisés par les bailleurs de fonds publics	Instruments financiers types utilisés par les bailleurs de fonds privés
Prêts consortiaux	Prêts standard, prêts participatifs	Prêts standard, prêts participatifs
Garanties	Garanties et autres engagements conditionnels non provisionnés	Actions ordinaires, participations dans des organismes de placement collectif, financement mezzanine, prêts standard, obligations et autres instruments de dette
Lignes de crédit	Prêts standard, prêts participatifs	Prêts standard, prêts participatifs aux établissements financiers locaux ; droit sur les actifs des emprunteurs finals
Participations dans des organismes de placement collectif	Participations dans des organismes de placement collectif, instruments de dette et financement mezzanine (rarement)	Participations dans des organismes de placement collectif, instruments de dette et financement mezzanine (rarement)
Investissement direct dans des sociétés	Actions ordinaires, financement mezzanine, prêts standard, obligations et autres instruments de dette	Actions ordinaires, financement mezzanine, prêts standard, obligations et autres instruments de dette
Accords de cofinancement simple	Dons standard, prêts standard	Dons standard, prêts standard
Financement du projet	Actions ordinaires, financement mezzanine, prêts standard et autres instruments de dette, garanties	Actions ordinaires, financement mezzanine, prêts standard et autres instruments de dette

Source : statistiques du Comité d'aide au développement de l'OCDE et données complémentaires communiquées à l'OCDE.

Deux pays (Italie et Japon) ont communiqué ponctuellement des données sur les montants mobilisés auprès de sources privées au titre d'années précises. La Suisse a également fourni des chiffres sur les montants mobilisés dans la quatrième série de rapports biennaux établis à l'attention de la CCNUCC. En outre :

- Pour des questions de confidentialité, les auteurs n'ont pu que consulter physiquement, dans une salle sécurisée, les données de la SFI relatives aux montants mobilisés auprès de sources privées en 2017. Les circonstances et les contraintes qui entourent ce mode de partage de données sont décrites de manière détaillée dans la précédente édition du présent rapport (OECD, 2019[3]). Les données ont été obtenues sous forme de répartitions par année, par mécanisme de financement, par cible climatique et par groupe régional principal (Asie, Afrique, Amériques, Europe et Océanie). Les données sur la répartition sectorielle n'ont pas été exploitées. Pour 2018, la SFI a transmis à l'OCDE ses données sur les montants mobilisés en application d'un accord de partage de données.
- Pour des questions de confidentialité et/ou de capacités internes, IDB Invest et la Banque asiatique d'investissement dans les infrastructures n'ont pas été en mesure de communiquer de données sur les financements privés mobilisés en 2018. Au moment de la rédaction du présent rapport, des pourparlers étaient en cours avec IDB Invest aux fins d'un accord sur le partage des données concernant ses futures mobilisations. Pour combler cette lacune statistique, les auteurs se sont fondés sur les sources de données librement accessibles pour estimer le montant des fonds mobilisés en faveur du climat par IDB Invest et la Banque asiatique d'investissement dans les infrastructures, à savoir les rapports annuels des institutions et la documentation publique sur les différents projets.

Considérations méthodologiques

Les données sur les financements climatiques mobilisés auprès de sources privées que le CAD recueille ou que les auteurs ont obtenues par estimation pour les besoins du présent rapport ont été converties en dollars américains sur la base des taux de change nominaux annuels moyens (Tableau A C.4).

En général, les financements privés mobilisés se rapportent au moment où tous les financeurs d'un projet ont accès à l'information (par exemple, annonce des engagements ou clôture de l'exercice financier). Alors que la structure de financement des prêts consortiaux est normalement connue au stade de l'engagement, l'incidence, en termes de mobilisation, des participations dans des organismes de placement collectif et de l'investissement direct dans des sociétés peut s'étendre sur une période plus ou moins longue, qui exige parfois une déclaration individuelle de chaque versement ou ex post.

Comme dans le cas des financements multilatéraux publics, seule la part attribuable aux pays développés est incluses ici dans les chiffres des financements climatiques privés mobilisés par les acteurs multilatéraux (voir Tableau A B.2). La vocation climatique des financements mobilisés auprès de sources privée est déclarée au CAD de l'OCDE, soit sur la base des marqueurs de Rio, soit suivant les méthodes des BMD. L'ampleur de leur contribution en termes d'atténuation/adaptation est fonction de la vocation climatique ou du pourcentage d'interventions publiques mobilisant des financements privés. Par exemple, si des financements privés sont mobilisés dans le cadre d'un prêt de BMD dédié à 75 % à l'atténuation, alors c'est ce même pourcentage qui est appliqué au montant de la mobilisation d'origine privée. Les financements privés mobilisés à des fins climatiques selon les marqueurs de Rio sont comptabilisés à leur valeur nominale.

Possibilités de faciliter et d'améliorer l'analyse de données

Les membres du CAD et la communauté multilatérale communiquent à l'OCDE des données sur les fonds qu'ils mobilisent auprès de sources privées au niveau des projets depuis 2015, conformément aux normes statistiques et aux définitions élaborées par le CAD de l'OCDE dans un souci de comparabilité. Ces données ont surtout servi à dégager des tendances lourdes dans divers travaux analytiques de l'OCDE. Pour répondre aux besoins grandissants de transparence parmi les acteurs du développement et du financement climatique, les membres du CAD ont adopté, en 2018, des règles de communication des données qui autorisent un large éventail de ces acteurs à les exploiter.

Ces dernières années, en revanche, des BMD se sont déclarées dans l'incapacité, pour des questions de confidentialité, de communiquer à l'OCDE tous les montants mobilisés auprès du secteur privé, y compris au titre de l'action pour le climat. Un groupe de travail réunissant des BMD, des membres du CAD et le Secrétariat de l'OCDE a été mis sur pied en 2019 pour étudier ce problème et trouver un moyen de permettre aux BMD de continuer à informer l'OCDE. Il a pour mission de convenir des règles régissant la communication des données sur les fonds mobilisés par les BMD qui ne compromettent pas l'intégrité du système statistique du CAD de l'OCDE et répondent aux besoins d'information des pays, du secteur privé et de la société civile. En attendant l'adoption et le déploiement de telles solutions, des accords temporaires de partage de données et de non divulgation ont dû être signés avec différentes BMD pour la campagne 2018 de collecte de données, à savoir la BAsD, la BERD, la BEI et la SFI.

Fluctuations des taux de change

Les fortes fluctuations des taux de change enregistrées de 2013 à 2018 ont influé sur les chiffres totaux du financement climatique. Cela vaut tout particulièrement pour l'euro, le yen et la livre sterling, qu'utilisent les principaux bailleurs de fonds pour le climat. Au cours de la période considérée, leur taux de change a fluctué de plus de 20 % par rapport à 2013, année de référence (Graphique A B.1).

Graphique A B.1. Taux de change annuel par rapport au dollar des États-Unis pour la période 2013-18

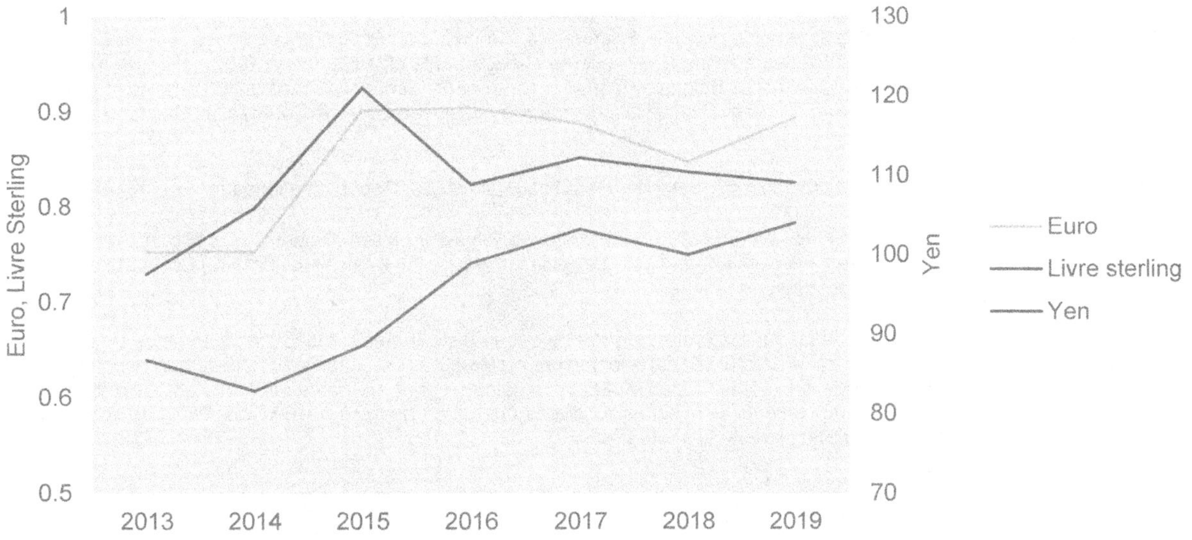
1
0.9
0.8
0.7
0.6
0.5
Euro, Livre Sterling
130
120
110
100
90
80
70
Yen
2013
2014
2015
2016
2017
2018
2019
Euro
Livre sterling
Yen

Source : : (OECD, 2018[14]).

À toutes fins utiles, le Tableau A C.4 indique les taux de change annuels par rapport au dollar des États-Unis utilisés dans les statistiques du CAD et le présent rapport.

Tableau A B.4. Principaux taux de change par rapport au dollar des États-Unis pour 2013-18

Monnaie	2013	2014	2015	2016	2017	2018	2019
Dollar australien	1.0367	1.1094	1.3309	1.3453	1.3049	1.3387	1.4387
Dollar canadien	1.0302	1.1047	1.2783	1.3254	1.2981	1.2961	1.3270
Couronne tchèque	19.5585	20.7578	24.5926	24.4406	23.3855	21.7298	22.9311
Couronne danoise	5.6169	5.6187	6.7254	6.7308	6.6018	6.3135	6.6692
Euro	0.7532	0.7537	0.9015	0.9043	0.8871	0.8473	0.8933
Forint (Hongrie)	223.5404	232.6191	279.1926	281.5210	274.4764	270.2212	290.6026
Couronne islandaise	122.1541	116.6880	131.8961	120.8136	106.8234	108.2693	122.6365
Yen	97.5910	105.8475	121.0023	108.8027	112.1831	110.4378	109.0459
Dollar néo-zélandais	1.2203	1.2058	1.4342	1.4365	1.4074	1.4456	1.5180
Couronne norvégienne	5.8780	6.3019	8.0643	8.4002	8.2710	8.1348	8.7986
Zloty (Pologne)	3.1596	3.1543	3.7702	3.9441	3.7793	3.6114	3.8375
Livre sterling	0.6396	0.6074	0.6545	0.7410	0.7766	0.7497	0.7836
Couronne suédoise	6.5132	6.8599	8.4293	8.5565	8.5470	8.6904	9.4559
Franc suisse	0.9268	0.9150	0.9623	0.9851	0.9847	0.9779	0.9938
Dollar des États-Unis	1.0000	1.0000	1.0000	1.0000	1.0000	1.0000	1.0000

Note : taux de change nominaux annuels moyens, soit le montant requis en une monnaie donnée pour acquérir 1 USD, correspondant à la moyenne des taux enregistrés chaque jour pendant une année civile.
Source : https://data.oecd.org/fr/conversion/taux-de-change.htm.

Notes

[1] Convenu à la COP18 (décision 19/CP.18) puis mis à jour à la COP21 (décision 9/CP.21) (CCNUCC, 2012 ; CCNUCC, 2015).

[2] Les parties visées à l'annexe II sont les membres de l'OCDE figurant à l'annexe I, à l'exclusion des économies en transition. Elles sont énumérées dans la Convention-cadre des Nations Unies sur les changements climatiques de 1992, telle que modifiée par la décision 26/CP.7 : Allemagne, Australie, Autriche, Belgique, Canada, Danemark, Espagne, États-Unis, Finlande, France, Grèce, Irlande, Islande, Italie, Japon, Luxembourg, Norvège, Nouvelle-Zélande, Pays-Bas, Portugal, Royaume-Uni, Suède, Suisse et Union européenne.

[3] Estonie, Hongrie, Lettonie, Lituanie, Malte, Monaco, Pologne, République slovaque, République tchèque, Roumanie et Slovénie.

[4] Un pays a communiqué, pour un certain nombre de prêts concessionnels, la valeur de l'équivalent-don et la partie restante du prêt. Aux fins du présent rapport, l'instrument « équivalent-don » a été reclassé en « prêt » car les chiffres reposent sur les flux bruts, c'est-à-dire la valeur nominale, du financement climatique.

[5] La part d'attribution obtenue pour l'Agence multilatérale de garantie des investissements (AMGI) ne s'applique qu'aux montants que cette organisation mobilise auprès du secteur privé, dans la mesure où les garanties sont exclues de la composante « publique multilatérale » du financement climatique. De même, la part d'attribution calculée pour le *Private Infrastructure Development Group* (PIDG) se rapporte uniquement aux financements climatiques mobilisés auprès de sources privées, car PIDG ne communique au CAD de l'OCDE que les montants mobilisés auprès du secteur privé.

Annexe C. Groupes de pays

Les analyses et chiffres exploités aux fins du présent rapport reposent sur la nomenclature suivante :

- les « pays développés », qui regroupent les parties à la CCNUCC visées à son annexe II, les États membres de l'Union européenne, le Liechtenstein et Monaco (Tableau A C.1).
- les « pays en développement », qui correspondent aux pays et territoires figurant dans la liste des bénéficiaires de l'APD établie par le CAD pour 2018 (OECD, 2020[9]) et/ou les parties à la CCNUCC non visées à son annexe I (Tableau A C.2, Tableau A C.3 et Tableau A C.4).

Les pays et territoires qui ne relèvent d'aucune de ces catégories (en particulier, la Fédération de Russie) ne rentrent pas dans le champ de l'analyse.

Tableau A C.1. Pays développés

Allemagne	Estonie	Lettonie	Portugal
Australie	États-Unis	Liechtenstein	République slovaque
Autriche	Finlande	Lituanie	République tchèque
Belgique	France	Luxembourg	Roumanie
Bulgarie	Grèce	Malte	Royaume-Uni
Canada	Hongrie	Monaco	Slovénie
Chypre[12]	Irlande	Norvège	Suède
Croatie	Islande	Nouvelle-Zélande	Suisse
Danemark	Italie	Pays-Bas	Union européenne
Espagne	Japon	Pologne	

Tableau A C.2. Pays en développement : parties à la CCNUCC non visées à son annexe I mais figurant dans la liste des bénéficiaires de l'APD établie par le CAD

Afghanistan	El Salvador	Libye	République centrafricaine
Afrique du Sud	Équateur	Macédoine du Nord	République démocratique du Congo
Albanie	Érythrée	Madagascar	République démocratique populaire lao
Algérie	Eswatini	Malaisie	République dominicaine
Angola	Éthiopie	Malawi	Rwanda
Antigua-et-Barbuda	Fidji	Maldives	Sainte-Lucie
Argentine	Gabon	Mali	Saint-Kitts-et-Nevis
Arménie	Gambie	Maroc	Saint-Vincent-et-les-Grenadines
Azerbaïdjan	Géorgie	Maurice	Samoa
Bangladesh	Ghana	Mauritanie	Sao Tomé-et-Principe
Belize	Grenade	Mexique	Sénégal
Bénin	Guatemala	Micronésie	Serbie
Bhoutan	Guinée	Moldova	Sierra Leone
Bolivie	Guinée équatoriale	Mongolie	Somalie
Bosnie-Herzégovine	Guinée-Bissau	Monténégro	Soudan
Botswana	Guyana	Mozambique	Soudan du Sud
Brésil	Haïti	Myanmar	Sri Lanka
Burkina Faso	Honduras	Namibie	Suriname
Burundi	Îles Cook	Nauru	Tadjikistan
Cabo Verde	Îles Marshall	Népal	Tanzanie
Cambodge	Îles Salomon	Nicaragua	Tchad
Cameroun	Inde	Niger	Thaïlande
Chine (République populaire de)	Indonésie	Nigéria	Timor-Leste
Cisjordanie et bande de Gaza	Iran	Niue	Togo
Colombie	Iraq	Ouganda	Tonga
Comores	Jamaïque	Ouzbékistan	Tunisie
Congo	Jordanie	Pakistan	Turkménistan
Corée	Kazakhstan	Palaos	Tuvalu
Costa Rica	Kenya	Panama	Vanuatu
Côte d'Ivoire	Kirghizistan	Papouasie-Nouvelle-Guinée	Venezuela
Cuba	Kiribati	Paraguay	Viet Nam
Djibouti	Lesotho	Pérou	Yémen
Dominique	Liban	Philippines	Zambie
Égypte	Libéria	République arabe syrienne	Zimbabwe

Tableau A C.3. Pays en développement : parties qui ne figurent pas à l'annexe I et ne sont non bénéficiaires d'APD

Andorre	Brunei Darussalam	Koweït	Singapour
Arabie saoudite	Chili	Oman	Trinité-et-Tobago
Bahamas	Corée	Qatar	Uruguay
Bahreïn	Émirats arabes unis	Saint-Marin	
Barbade	Israël	Seychelles	

Tableau A C.4. Pays en développement : bénéficiaires d'APD hors parties non visées à l'annexe I

Bélarus	Montserrat	Tokélaou	Ukraine
Kosovo	Sainte-Hélène	Turquie	Wallis-et-Futuna

Régions et sous-régions

La section 2 a pour objet d'analyser le financement climatique par région et sous-région. Les appellations employées dans le présent rapport suivent la norme M49 de l'ONU (UNSD, 2020[15]) dans la mesure du possible, ainsi que la classification régionale du CAD (OECD, 2020[16]). Les financements climatiques non alloués par région sont regroupés dans la rubrique « non spécifié ».

Tableau A C.5. Liste des pays et territoires en développement par région et sous-région

Région	Sous-région	Pays
Afrique	Afrique du Nord	Algérie, Égypte, Libye, Maroc, Tunisie
	Afrique de l'Est	Burundi, Comores, Djibouti, Érythrée, Éthiopie, Kenya, Madagascar, Malawi, Maurice, Mozambique, Ouganda, Rwanda, Seychelles, Somalie, Soudan, Soudan du Sud, Tanzanie, Zambie, Zimbabwe
	Afrique de l'Ouest	Bénin, Burkina Faso, Cabo Verde, Côte d'Ivoire, Gambie, Ghana, Guinée, Guinée-Bissau, Libéria, Mali, Mauritanie, Niger, Nigéria, Sainte-Hélène, Sénégal, Sierra Leone, Togo
	Afrique centrale	Angola, Cameroun, Congo, Gabon, Guinée équatoriale, République centrafricaine, République démocratique du Congo, Sao Tomé-et-Principe, Tchad
	Afrique australe	Afrique du Sud, Botswana, Eswatini, Lesotho, Namibie
Asie	Asie centrale	Arménie, Azerbaïdjan, Géorgie, Kazakhstan, Kirghizistan, Ouzbékistan, Tadjikistan, Turkménistan
	Asie de l'Est	Brunei Darussalam, Cambodge, Chine, Corée, Indonésie, Malaisie, Mongolie, Philippines, République démocratique populaire lao, République populaire démocratique de Corée, Singapour, Thaïlande, Timor-Leste, Viet Nam
	Asie du Sud	Afghanistan, Bangladesh, Bhoutan, Inde, Maldives, Myanmar, Népal, Pakistan, Sri Lanka
	Moyen-Orient	Arabie saoudite, Bahreïn, Cisjordanie et bande de Gaza, Émirats arabes unis, Iran, Iraq, Israël, Jordanie, Koweït, Liban, Oman, Qatar, République arabe syrienne, Turquie, Yémen
Europe	s.o.	Albanie, Andorre, Bélarus, Bosnie-Herzégovine, Kosovo, Macédoine du Nord, Moldova, Monténégro, Saint-Marin, Serbie, Ukraine
Amériques	Amérique centrale	Belize, Costa Rica, El Salvador, Guatemala, Honduras, Mexique, Nicaragua, Panama
	Amérique du Sud	Argentine, Bolivie, Brésil, Chili, Colombie, Équateur, Guyana, Paraguay, Pérou, Suriname, Uruguay, Venezuela
	Caraïbes	Antigua-et-Barbuda, Bahamas, Barbade, Cuba, Dominique, Grenade, Haïti, Jamaïque, Montserrat, République dominicaine, Saint-Kitts-et-Nevis, Sainte-Lucie, Saint-Vincent-et-les-Grenadines, Trinité-et-Tobago
Océanie	s.o.	Fidji, Îles Cook, Îles Marshall, Îles Salomon, Kiribati, Micronésie, Nauru, Niue, Palaos, Papouasie-Nouvelle-Guinée, Samoa, Tokélaou, Tonga, Tuvalu, Vanuatu, Wallis-et-Futuna

Source : (UNSD, 2020[15]), (OECD, 2020[16]).

On notera les principales divergences ci-après entre la norme M49 et le présent rapport.

- L'Asie centrale regroupe toutes les anciennes républiques soviétiques d'Asie, sauf la Russie : Arménie, Azerbaïdjan, Géorgie, Kazakhstan, Kirghizistan, Ouzbékistan, Tadjikistan et Turkménistan.
- L'Asie occidentale est remplacée par le Moyen-Orient, tandis que les anciennes républiques soviétiques concernées (Arménie, Azerbaïdjan et Géorgie) sont incluses dans l'Asie centrale (voir ci-dessus).
- Le Soudan est rattaché à l'Afrique orientale et non septentrionale.

Ces divergences visent essentiellement à garantir une cohésion avec la classification employée par le CAD à l'égard des données sous-jacentes sur la mobilisation multilatérale de financements publics et privés. Sont également exclus les pays donneurs (Tableau A C.1) et d'autres pays et territoires.

Bien que les régions réunissent généralement des pays et territoires qui ont des attributs communs[3], elles présentent de grandes disparités de taille, de population, de revenu, de RNB et autres particularités statistiques. En conséquence, le recours à ces régions vise uniquement à faciliter l'analyse géographique.

Groupes de revenu

La classification des groupes de revenu utilisée dans le présent rapport reprend en grande partie celles des pays et catégories d'emprunteur définies par la Banque mondiale (World Bank, 2020[17]) pour 2018. Pour ce qui est des territoires inclus dans l'ensemble de données sur le financement climatique mais non considérés dans la classification de la Banque mondiale, à savoir les Îles Cook, Niue, Montserrat et Tokélaou, le groupe de revenus retenu est celui indiqué dans la liste des bénéficiaires de l'APD établie par le CAD pour les besoins de la notification de l'aide allouée en 2018 et 2019 (OECD, 2020[9]).

Tableau A C.6. Liste des pays et territoires en développement par groupe de revenu

Catégorie	Pays
Pays et territoires à faible revenu (PFR)	Afghanistan, Bénin, Burkina Faso, Burundi, Érythrée, Éthiopie, Gambie, Guinée, Guinée-Bissau, Haïti, Libéria, Madagascar, Malawi, Mali, Mozambique, Népal, Niger, Ouganda, République arabe syrienne, République centrafricaine, République démocratique du Congo, République populaire démocratique de Corée, Rwanda, Sierra Leone, Somalie, Soudan du Sud, Tadjikistan, Tanzanie, Tchad, Togo, Yémen
Pays et territoires à revenu intermédiaire de la tranche inférieure (PRITI)	Angola, Bangladesh, Bhoutan, Bolivie, Cabo Verde, Cambodge, Cameroun, Cisjordanie et bande de Gaza, Comores, Congo, Côte d'Ivoire, Djibouti, Égypte, El Salvador, Eswatini, Ghana, Honduras, Îles Salomon, Inde, Indonésie, Kenya, Kiribati, Kirghizistan, Lesotho, Maroc, Mauritanie, Micronésie, Moldova, Mongolie, Myanmar, Nicaragua, Nigéria, Ouzbékistan, Pakistan, Papouasie-Nouvelle-Guinée, Philippines, République démocratique populaire lao, Sao Tomé-et-Principe, Sénégal, Soudan, Timor-Leste, Tokélaou, Tunisie, Ukraine, Vanuatu, Viet Nam, Zambie, Zimbabwe
Pays et territoires à revenu intermédiaire de la tranche supérieure (PRITS)	Afrique du Sud, Albanie, Algérie, Argentine, Arménie, Azerbaïdjan, Bélarus, Belize, Bosnie-Herzégovine, Botswana, Brésil, Chine, Colombie, Costa Rica, Cuba, Dominique, Équateur, Fidji, Gabon, Géorgie, Grenade, Guatemala, Guinée équatoriale, Guyana, Îles Marshall, Iran, Iraq, Jamaïque, Jordanie, Kazakhstan, Kosovo, Liban, Libye, Macédoine du Nord, Malaisie, Maldives, Maurice, Mexique, Monténégro, Namibie, Nauru, Paraguay, Pérou, République dominicaine, Sainte-Lucie, Saint-Vincent-et-les-Grenadines, Samoa, Serbie, Sri Lanka, Suriname, Thaïlande, Tonga, Turkménistan, Turquie, Tuvalu, Venezuela ; Îles Cook, Montserrat, Niue, Sainte-Hélène, Wallis-et-Futuna
Pays et territoires à revenu élevé (PRE)	Andorre, Antigua-et-Barbuda, Arabie saoudite, Bahamas, Bahreïn, Barbade, Brunei Darussalam, Chili, Corée, Émirats arabes unis, Israël, Koweït, Oman, Palaos, Panama, Qatar, Saint-Kitts-et-Nevis, Saint-Marin, Seychelles, Singapour, Trinité-et-Tobago, Uruguay

Source : (World Bank, 2020[17]), (OECD, 2020[9]).

Notes

[1]Note de la Turquie : les informations figurant dans ce document qui font référence à « Chypre » concernent la partie méridionale de l'île. Il n'y a pas d'autorité unique représentant à la fois les Chypriotes turcs et grecs sur l'île. La Turquie reconnaît la République Turque de Chypre Nord (RTCN). Jusqu'à ce qu'une solution durable et équitable soit trouvée dans le cadre des Nations Unies, la Turquie maintiendra sa position sur la « question chypriote ».

[2]Note de tous les États de l'Union européenne membres de l'OCDE et de l'Union européenne : la République de Chypre est reconnue par tous les membres des Nations Unies sauf la Turquie. Les informations figurant dans ce document concernent la zone sous le contrôle effectif du gouvernement de la République de Chypre.

[3] Par exemple, la région Caraïbe ne comprend que des petits États insulaires en développement. De même, l'Asie centrale est uniquement composée d'anciennes républiques soviétique, et l'Afrique septentrionale de pays du bassin méditerranéen.